易經要你好看

六十四卦古老智慧的現代妙用

鄭錠堅——著

自　序

一

　　混《易經》混了二十多年了，教「易經與人生」課程也教了至少十個年頭，《易經》64卦，深深穿透我的人生。這些年來學易，一直思考一個問題，就是怎麼跟當代社會談《易經》，用什麼形式談《易經》，儘管做了一些嘗試與努力，但這個過程與開發是沒有止境的。而基本的原則就是：用現代語言談古老智慧。今年開始寫FB，靈機乍現，就寫一個「易經要你好看」吧。計畫每次寫一篇文章，包含兩個卦（或綜或錯）──不畫卦、盡量不用文言文與原文、不碰觸太學術性的易理、不談時位、不談爻位的陰陽屬性、盡量不使用專用名詞等等──純然用白話文討論卦的內涵、精神與當代應用。也就是說，「易經要你好看」比較像是64卦的雜文、漫談或小品，一個通俗版的《易經》吧。但我對我的通俗提高一些要求的高度，希望這裡的通俗可以觸碰到《易經》的靈魂。

2014/7/3教育墮落的歲月中

二

　　答應過各位，也答應過自己的《易經》教室，再過三天要開張了！計畫每週六早上發表一篇文章，一篇文章討論兩個卦，另外不時

會有一些「《易經》小教室」的小方塊，提供一些《易經》的基本常識。所以64卦會寫成32篇生活文章發表，估計七、八個月發表完。32篇文章的發表，從乾坤卦開始，到既濟未濟卦結束，基本上是按照64卦的順序，但過程中間可能會跑跑野馬。

二十四年前跟王鎮華老師開始學易，那段日子裡同時發生了兩件事。第一件是發動了生平唯一一次的一個小學運，當時年輕識淺，堅持了沒多久學潮就風雲流散。第二件是有一晚到王老師的德簡書院上易經課，王老師說妻子來電找我，我回電一問，妻子懷孕了。當時我寫下這樣的一句話：「革命落幕，上天給我一個小孩。」所以妻子懷孕期間，也是我學易歲月的展開，等到大女兒生下來，我用了64卦的一個卦命名：「謙」。謙卦，64卦最吉祥的一卦。大女兒就叫敏謙。

接著用了一年多的時間聽老師講授《易經》一遍，跟著整理筆記，沉思卦義，閱讀相關文獻，通過生活經驗與人生閱歷印證，約過了十年，開始教易，發表論文，曾經跟「大畜」的老學生們一口氣講了48個卦，畢竟還未講授完成啊！到了2014年的夏天，今年的暑假很易經！我先後將64卦寫過兩遍，第一次是是快速的素描，第二次就是這間FB《易經》教室了——嘗試用生活的、有趣的、真誠的但不失深刻的文字再寫一遍，也順便還十幾年前跟「大畜」朋友沒談完《易經》的心願。

OK！上路囉！不是啦！出發了。FB教室暫時命名為「易經要你好看」。三天後見！

2014/8/20決定退職前半個月

三

　　書名就定為《易經要你好看》，內容包括三個部分：

　　第一部分〈綜錯易〉。就是上文所說的用白話文與生命觀討論64卦的內涵、精神與當代應用。一文兩卦，總共32篇文章。文章之前掛了一個「《易經》小教室」的小小導論，文章之後則附了一篇「《易經》64卦原文與白話提要」，作為正文閱讀的幫助。

　　第二部分〈學術易〉。收錄了兩篇關於《易經》心性論與革命論的論文，讓學術整理與生命意見平衡一下。

　　第三部分〈人間易〉。十幾篇短文是用更生活、更人間的角度談《易經》，主角就不是《易經》，而是人生了。

　　總之，希望《易經要你好看》是一部生活功夫的《易經》，是一部生命成長的《易經》，是一部哲學行腳的《易經》，是一部人間歲月的《易經》。是為序。

錠堅2015/1/27

目　次

第 一 章

《易經》小教室

☯The First Old Book

《易經》是六經之首，儒道之源。

《易經》是中國文化最古老的哲學，可以說是中國人的第一本書，The First Old Book，也是儒家思想與道家思想的源頭。做一個比喻：《易經》是祖師爺，孔子、老子是師兄弟，孔子是師兄，老子是師弟，這樣的說法不是從孔老的年齡來說，而是從學術內涵的理序來說，孔子思想是正面建設──從1談到100，老子思想則是補充說明，老子也肯定孔子的1到100，但只補論一個孔子沒談到的數字──0。1到100像是《大學》的格致誠正修齊治平，0呢？0就是無為。

☯「經書」是什麼？

我們強調經書跟一般書是不一樣的。

經書是每個人類重要文明地區的第一手資料，每個重要文明都有「經」，印度文明有佛經，回教文明有可蘭經，基督教文明地區有聖經（新／舊約），中國文明就是六經。經書是每個重要文明的「首出」資料，記載、形塑了該文明的基礎文化性格，從此決定了該文明的發展方向及生活方式。所以經書的不一樣的地方是深富原創性的激發能量，體大粗曠的，宏觀大氣的，疏朗睿智的，直接指向生命的，非學術性與非理論性的……

如果用一字之解，就是：

*經者，常也。

經常經常嘛。

記載經常不變的真理之書。

也就是原文,中國文化的第一手資料。

*傳,傳也。

二聲傳,流傳的傳。

幫助經常不變的真理之書流傳下去的工具書。

也就是註解,中國文化的第二手資料。

中國文化是二級制:經+傳。

印度文化則是三級制:經+律+論。

佛陀講的話才能稱為「經」,解釋經的書是「律」,解釋律的稱「論」。合起來就是「三藏」。

六經與「首出庶物」

說說「六經」。六經是「詩書禮樂易春秋」,用最簡單的話來說:

*詩,文學藝術。

*書,政治領域的生命文獻。

*禮,理想的政治制度。

*樂,音樂藝術。

*易,人生哲學。

*春秋,歷史評論。

有沒有注意到,六經的性質就是今天的文、史、哲,頂多加上政治學,傾向今天的人文領域,六經裡沒有科學領域的著述啊!這就談論到「首出庶物」的問題。這句文言文其實很樸素,是《易傳》裡

的話，用白話說就是「最先跑出來的這個東西」，就是指每個文明體的文化性格或內核結構。所以整合的說，六經共同的主題或「首出庶物」就是「德」，相對於西方文明是「智」。這是最大略的二分：

　　*中國文化是「重德」的文化，是心靈性的，指向內在的。

　　*西方文化是「愛智」的文化，是頭腦性的，向外探索的。

　　補充一點：「德」的本義不是規矩或教條，比較接近內在能力的觀念。

☯ 《易經》的編輯群

　　《易經》非成於一人一時之手，是中國上古先民累世累代的生活與智慧結晶，而經過幾位「大德」的整理與點化。

　　所以對《易經》來說，並不存在「作者」的問題，而是要注意「編輯者」甚至「編輯群」的觀念。關於《易經》的「編輯群」，傳統有所謂「易傳三聖」或「易傳四聖」的說法，就是說《易經》的流傳，歷經三或四個重要編撰者的整理（大德的點化）。那是哪三或四個大德呢？就是

　　1.伏羲畫八卦（符號文化的原創時期），

　　2.周文王推衍成64卦（從伏羲到周文王，國家人口、幅員、規模、複雜程度已然不可同日而語，所以是符號文化的擴大時期），

　　3.周公作卦爻辭（文字文化的原創時期，這是屬於「易傳四聖的部分），

　　4.孔子作十翼（文字文化的註解時期）。

　　如果從更宏觀的歷史視野來說，另外有所謂「三易」的說法——夏曰連山，商曰歸藏，周曰周易。夏朝人的易稱為連山易，商朝人的易稱為歸藏易，周朝人的易就稱為周易。可見《易經》流傳時間之久。《易經》最早的面貌是原始占筮資料（占卜用的籤文），慢慢發展成經世致用之學，也就是從預測性學問（「五術」山醫命卜相中的「卜」）演變為人生哲學（「四部」經史子集中的「經」）。

　　所以易的研究，傳統有兩個途徑：

　　1.數術之學／漢學／小傳統／「五術」之一／預測性學問，

　　2.義理之學／宋學／大傳統／「四部」之一／人生哲學。

　　所以《易經》是中國文化裡唯一一部橫跨大傳統與小傳統的經典性原創著作。《易經》可以用來占卜，也是探索人生的途徑。

☯ 《易經》的書名

　　原名：周易。

　　圓融與變化——真理有它極單一、有序、優美、整而不分的一面（圓融），但也有複雜到讓人目眩神迷的變異本質（變化）。

　　周　兩個解釋：

　　1.指周朝，朝代名，也是地名。

　　2.周普、周帀（帀，順逆往返一遍，ex：短歌行「繞枝三帀」。）

　　易　從文字學上解釋，《說文解字》的說法：

　　1.蜥蜴之形，俗名變色龍，取變化之義——變。

　　2.另一說，日月為易，一個太陽加一個月亮，指明朗得可以穿透人生事象，取明義——常。

☯64卦的結構

《易經》就是指64卦。

64卦中，第1、2卦乾坤卦是基本卦、基本原理卦或總綱卦。這兩卦比較是整體的談法，乾坤二卦共同展示出一張人生總藍圖的理想與現實。至於其他62卦，等於談62個人生問題，或者說從62個角度切入討論人生。62卦比較是局部的談法。

從大到小，再看看64卦每一卦的基本結構。基本上，每一卦由三個部分組成：

1.一個卦體。這是象徵性符號——象徵一個人生情境。

2.一條卦辭。每個人生問題的總原則——卦辭解釋卦。

3.六條爻辭。每個人生問題的分段說明——爻辭解釋每一爻。

也就是每卦六爻，每一爻有陰陽兩種可能，卦辭用來解釋整個卦，爻辭用來解釋每一爻。

更精細的結構說明，陽爻的符號是—，用陽數「九」代表；陰爻的符號是--，用陰數「六」代表。像：基本八卦中乾卦就是☰，坤卦就是☷。而六爻的位序稱為初、二、三、四、五、上。如果是陽爻，就是初九、九二、九三、九四、九五、上九。如果是陰爻，就是初六、六二、六三、六四、六五、上六。這些都是《易經》的專用術語。舉個例子：

☷ 這是泰卦，六個爻位（由下往上數）分別是初九、九二、九三、六四、六五、上六。

☯易有三義

　　這是流傳自漢朝《易緯‧乾鑿度》斷簡殘篇的說法，是解釋易學精神很好的一個說法。所謂「易有三義」：1.變易←2.簡易←3.不易

　　真理有變化繁複的一面，真理有平易近人的一面，真理也有亙古不變的一面。

　　從不易到變易：指從整而不二的絕對真理演變到複雜無比的人間世。這是宇宙論的說法。

　　從變易到不易：通過千變萬化的人間萬象，歸納成不同的成長心得，藉以掌握真理世界。這是功夫論的說法。

　　請參考下表：

變易	簡易	不易
象（氣）	德（心得）	道（理）
人生現象，千變萬化 （千變萬化的人生現象，但實踐要落在這裡。）	人生心得，平易可從 （人生的實踐心得。人生要從成長去掌握，不能從理解去掌握。）	終極真理，可久可大
The Book Of Change	The Book Of Easy	The Book Of Truth
科學層次	哲學層次	宗教層次
Chaos	Order Out Of Chaos	Order To Truth
反力（地）	中和力（人）	正力（天）

　　可見易學是從立體，從三個層面，而不是從平面，從一個層面去掌握人生。非常靈活、深刻、複雜的去理解世界、解釋人生、契近真

理。這是理解《易經》很好的一個理論。也是很好的檢查人生的一個座標。

　　其中「簡易」是一個橋樑——要從生命成長貫通天地之道。成熟是掌握真理、擁抱人生的最佳法門。

第二章

綜錯易

乾與坤——理想與現實

> 沒有理想的現實是人生永夜的迷航
>
> 沒有現實的理想是歷經人生幾度秋涼的一場大夢

愈來愈感到人生所有的問題都與陰陽有關係。

《繫辭傳》說：「一陰一陽之謂道。」在陰與陽的互動中可以看到真理。

《易經》64卦中，第一卦乾卦是純陽的卦，第二卦坤卦是純陰的卦。

乾、坤卦是總綱卦、基本原理卦，其他62卦等於談62個人生問題。

或者說，乾、坤二卦展開一張人生總藍圖，是「整體」的談法；其他62卦則針對一個一個人生問題進行討論，是「局部」的談法。

而乾、坤二卦，合中有分，乾卦是人生總藍圖的理想面，坤卦是人生總藍圖的現實面。所以乾、坤兩個卦應該合在一起讀，就可以一窺人生智慧與行動的全相了。

理想現實，一體互動，缺一不可。

沒有理想的現實是人生永夜的迷航，沒有現實的理想是歷經人生幾度秋涼的一場大夢。沒有理想或現實的人生，都是痛苦的。

理想與現實的結合就像是戰略家與兵法家的組合。

乾卦等於是人生戰場中清楚的戰略目標，坤卦就是如何達成戰略目標的具體戰術與戰法。

乾坤二卦又有點像12星座中的雙魚座與處女座。

雙魚座是理想的理想主義者，處女座是現實的理想主義者。前者重視整體、精神層面的完美，後者重視細節、操作層面的完美。

但理想性太高、太陽剛的人小心容易犯上指導他人、好為人師、給別人壓力的毛病；而現實性太強、太陰柔的人卻得當心落入太隨和、沒有原則的性格陷阱。

也就是說，陽剛者的毛病是「老大心態」，陰柔者卻容易患上「軟骨症」。所以，剛強而謙虛，柔軟卻堅定，就是陰陽合璧的成熟人格狀態了。

這兩個卦還有一點好玩的：乾卦的卦象是龍——潛龍、在野的龍、跳龍門的龍、飛龍、亢龍。坤卦的卦象是馬——特別指定是母馬（牝馬）。這兩個卦象也是相對的：龍是在天空飛的，而母馬是在地上跑的；龍是想像中的存在，馬是現實中的存在；龍會變化，母馬具備長跑的韌性；龍是生命中的王者，馬代表人間的行者；龍代表的是開創性（自強不息），母馬的象徵是包容性（厚德載物）。那麼，龍馬合德的意思就是說——每個人都是一條尊貴的、變化的龍，每個人也都是一匹行地無疆的千里駒。

所以龍馬精神就是乾坤精神啊！普普通通一句成語，可是大有學問！

當然，不同的人有著不同的性向，有人傾向龍性格，有人偏向馬性格，但都要注意對另一個面向的學習，而這就是「龍馬型人格」或「馬龍型人格」的區別了。

多說一點個人的修行經驗，傾向馬性格（陰柔能量）的人也許可以多做動態靜心、亢達尼里靜心、練外家拳或晨跑等比較強烈的功法（其實在正午烈日下跑步也是一種頗能激發英雄式能量的方式，當然

要衡量自己的體能狀況），藉此加強陽剛的能量。而傾向龍性格（陽剛能量）的人，也許可以選擇靜心或宗教舞蹈，深入、回歸中心、細緻、感性、美的跳舞，真的可以喚醒內在沉睡與溫柔的女性能量。

屯與蒙──誕生與教育

　　剛進入一個新的狀態、身分或工作，需要引路人的帶領。剛出道，可以「小用」，不可以大用。剛出道不要搞排場，否則一定流血流淚流不完。

　　伊斯蘭教的《蘇菲之路》記載蘇菲對他的弟子說：「除非你最後以我為靶，否則就不能算學成。」李安的《臥虎藏龍》裡李慕白對玉嬌龍說：「既為師徒，就當以性命相見。」是啊！師生教學，文化承傳，是性命交關的大事啊！

　　第1、2卦的乾坤卦是《易經》的基本原理卦，所以第3、4卦的屯蒙卦等於是64卦所處理的第一個及第二個人生問題。

　　屯的主題是「誕生」，這當然是人生的第一個問題；蒙是《易經》的「教育理論」，生命出生之後，緊接著就是教育問題。

　　好！先談屯卦。

　　屯的含意包括一個人的誕生，一個團體的誕生，一個國家的誕生，一個時代的誕生，甚至是指一個運動的誕生，一種思潮的誕生，一種風氣的誕生等等。更有意思的是屯這個字的形體本身，就點出了屯卦的第一個精神。屯的小篆是屯，一橫是地面，地面下是種子，種子吸飽了陽光、水分、土壤的能量，想要破出地面，但地表對幼小的種子來說是超硬的，小種子頂呀頂呀就是頂不出來，但侏儸紀公園說「生命一定找得到出路。」小種子頂不上去，就改變策略往更深的土壤長出彎彎曲曲的根鬚，所以屯字小篆下部的形體就是畫根鬚的樣

子，等到從土壤吸收了更多的養分，小種子就再接再厲頂呀頂，終於破土而出，在地表之上長出一點點幼苗。中國的象形文很有趣吧，而這個字形也說明了一個現象，生命的誕生都是很不容易的，這就是屯卦的第一項精神：「**屯難而生**」。

筆者有一個經驗，就是陪妻子生產大女兒，印象很深刻是前一天下午2:30開始陣痛，到醫院檢查，醫生說子宮頸口開不夠大，於是開始漫長的折磨，扶著沉重的妻子爬樓梯，再檢查，還是不行，再爬樓梯，再檢查，還是不行，回家休息等待吧，有體力了再爬樓梯，實在痛到不行熬不住了，生產當日2:30送進待產房，太陽下山了再送進產房，一直奮鬥到晚上10:33，我記得很清楚，整個產房剩下我們這一組人還在奮鬥，最後醫生才用真空吸盤將小女娃「抽」出來，那一瞬間，我感到整個產房的空間彷彿能量爆炸，彷彿有大歡喜的力量爆炸出來！新生命，終於誕生了！妻子總共生產了32個小時呀！哇！下一秒鐘，我心裡冒出一句話：「**先艱難而後心悅**」，原來這就是生命誕生的真相啊！接著，醫生與助產士就熟練的剪臍帶、拍小屁股、清洗女娃娃、縫傷口，等一下！蝦咪？直接在妻子骨盆產道口縫合傷口（因為女娃娃鑽出來，媽媽的的整個產道口都撕裂了），不用麻藥？是的！因為媽媽已經痛到沒感覺了，可以直接在皮肉上「穿針引線」！而我在旁邊陪產看到快昏倒了，辛苦了！媽媽！害我那幾天走在路上，都彷彿看到每個適齡媽媽頭上有著一個光環，我的老天！生命的誕生原來有那麼大的毀滅性，媽媽的偉大真不是蓋的。

除了點出生命誕生的困難，屯卦的重點當然是講出生或剛出道的智慧，下文分享其中三個。

第一個智慧：剛進入一個新的狀態、身分或工作，需要引路人的

帶領——屯卦經文描寫一個沒有經驗的獵人追逐一頭鹿，卻沒有山林管理人的指引，容易迷路啊！但這個機警的年輕獵者懂得覺察時機不對，及時放棄，不然硬要追下去，很危險的！同樣的，對一個剛剛出道的成長來說，經驗豐富的前輩或老師的教導是很重要的，萬一老師不在身旁，小朋友可要警醒一點，要敏感的嗅到危險的氣息。

　　第二個智慧：剛出道，可以「小用」，不可以大用——像油膏一樣，點個燈，可以用很久；但用太兇，一下子就會揮霍光了。剛誕生的生命，能量不足嘛！

　　第三個智慧：剛出道不要搞排場，否則一定流血流淚流不完，一定沒好下場的——屯卦的原文是「屯如斑如，泣血漣如！」初出茅廬要樸素，要老實，這個道理就不需要解釋了吧。

　　上文三個智慧的第一個有提到老師引領的必要性，那麼我們接著談蒙卦囉。

　　蒙卦是《易經》談老師學生的一卦，等於是《易經》的教育概論。筆者認為蒙卦是很精彩的一卦，大概是因為中國文化很重視文化學習與生命成長的緣故吧。

　　《雜卦傳》說：「蒙，雜而著。」試想一下，我們從小到大得學多少東西，喝奶、睡覺、說話、穿衣、認字、閱讀、算數、作文、基本禮貌、人際關係、兩性愛情、理性思辯、內在開發、文化學習、社會議題、理想追尋……由小而大，由淺入深，說也說不完，人生的學習夠「雜」了吧。但每個生命必然擁有獨屬於他的主題、道路與主體性，每個人都有責任將自己來到這個星球上的「大事因緣」給找出來，這就是顯「著」的尋求了。也就是說，「雜」是廣度學習，「著」是深度學習；「雜」是生活能力的開發，「著」是生命主題的

奔赴。人生同時需要這兩方面的開發，「雜而著」，《雜卦》說得言簡意賅。

開始談蒙卦的經文，首先卦辭很概括性的點出教育的三個重要原則。全文是：「匪我求童蒙，童蒙求我。初筮，告；再三，瀆，瀆則不告。利貞。」

原則一：「匪我求童蒙，童蒙求我。」不是老師求學生接受教育，而是學生求老師教他呀！這是基本態度，一個學生如果不去主動求教老師，就代表他還沒準備好，本身沒準備好的學生是怎麼學都不會學好的。深層理由就是尊重學習者的「自發性」，自發性的時機未到，老師硬要教，學生抗拒學，教了也學不會。相反的，懂得尊重生命成長的自然節拍，等到自發性出現了，學生主動問，老師再用心教，學習的效果才真會給力。所以當老師的不要擾亂學生的學習節奏，從這個角度看，老師的立場應該是被動的，真正的老師只教準備好、要求學的學生。《禮記》中的「學記」一篇也形容老師像一口鐘，你用力撞它，它會發出宏亮的鳴響；你輕輕撞它，它就發出輕輕的回應。（叩之以小者則小鳴，叩之以大者則大鳴。）當然，你不去敲鐘，鐘是不會有聲音的。

原則二：「初筮，告；再三，瀆，瀆則不告。」這一句經文是說老師要注意培養學生的「行動力」。行動力是學習、教育的主題，老師要讓學生能夠自己行動，不可以養成學生的依賴。就像占卜的原理一樣，第一次問，就將生命建議告訴來問卜的人（初筮，告），如果一直問，同樣的問題問到第三次，問者本身完全偷懶不行動，不負起自己的責任，那就是一種對生命成長的褻瀆了，這樣的話，就不要再告訴問卜者的答案了，以免求教變成依賴或軟弱（再三，瀆，瀆則不告）。

原則三：「利貞。」教育要有正大的方向啊！第三個原則是講教育的「正當性」。

所以蒙卦卦辭點出教育的三個原則是：自發性、行動力與正當性。

接著看爻辭。蒙卦的六條爻辭很好玩，前三爻是從老師的立場說話，後三爻是從學生的角度發言，層次分明。

第一爻是「發蒙」。在啟發蒙昧的階段，蒙卦反對兩件事——反對用體罰修理學生，反對用規矩限制學生。「嚴厲」收效很快，但其實是老師偷懶的伎倆，也最沒教育意義。那，該用什麼來啟發學生的蒙昧呢？當然是老師的學問、見識、人格與身教。

二爻是「包蒙」。包容學生剛從師時的莽撞與剛強。年輕孩子嘛，總是叛逆、直率、無禮、不太聽話。學習初階，年輕人總是這樣的。事實上，愈剛強的學生可能愈有潛力。這一爻有一點以柔克剛的味道。

三爻是「勿用取女」。意思是老師教學生不能像男子娶媳婦，古代女子以柔順為好，學生就不一樣了。原來經歷了上一個階段的「包蒙」，剛強的學生變得愈來愈喜歡、服氣、聽從、信任老師了；但成熟的老師這時會注意到：不要吞沒學生人格，不要讓學生失去自主的能力，不要將學生教成一個乖乖的小媳婦。對老師而言，跟屁蟲只是乖學生，尊重老師卻保留自己的自由人格與獨特性的，才是好學生。

前三爻說「教」，後三爻談「學」，從第四爻開始，講學生的成長道路。

四爻是「困蒙」。學生離開師門了，剛離開老師有點無所適從，進入人生的困頓時期，但這是生命成長必須經歷的艱難，小孩子總是要離開大人的羽翼才能長大嘛。而且從這裡可以看出古代師生關係的

親密，古人離開老師會難過，現代人離開老師高興都來不及了。

　　五爻是「童蒙」。學生長大了！這是成熟的童蒙，有點「大人者不失其赤子之心」的味道。學習者終於走出困蒙了，修德有成，生命內涵有所累積，但又像小孩子一般謙遜柔軟。生命學習走到這一地步，不簡單了。

　　最後一爻是「擊蒙」。最後擊破蒙昧了。生命學習卓然有成，對老師來說，能夠離開老師獨立成就的學生才是真正的好學生。伊斯蘭教的著作《蘇菲之路》記載蘇菲對他的弟子說：「除非你最後以我為靶，否則就不能算學成。」李安的電影作品《臥虎藏龍》裡李慕白對玉嬌龍說：「既為師徒，就當以性命相見。」是啊！師生教學，文化承傳，慧命所繫，是性命交關的大事，不能開玩笑的。

需與訟——物質慾望與訴訟官司

> 物質的資源是有限的，一個地球的物資就那麼多，要用敬慎、
> 等待的態度面對。分配不均，就會發生紛爭，解決紛爭的方法
> 有二：野蠻的訴諸戰爭，文明的就訴諸訴訟囉。

　　第5卦需卦的主題是「物質慾望」，第6卦訟卦的主題是「訴訟官司」。物質的資源是有限的，一個地球的物資就那麼多，分配不均，就會發生紛爭，解決紛爭的方法有二：野蠻的訴諸戰爭，文明的就訴諸訴訟囉。這是需訟兩個卦的因果關係。

　　先說需卦。需卦很精彩，卦辭的道理很精闢，爻辭的卦象很生動。下文盡量用深入淺出的白話，將卦象、卦性、卦辭的內容整理出來：

　　一、面對物質的慾望與需要，要用「等待」的態度。

　　需卦的卦象是「雲在天上」，意思指飽含水分的雲層高踞天上，雨沒下來，點出一個「等待」的意涵。一個地球的物質就那麼多，我們面對物質的分配要用敬慎的態度，不要將物質的供應看得那麼順理成章。慾望的開發要慢慢來，要等待，慾望不要太早開發，否則內在的能力會短路。（很多年輕人就是如此。）

　　二、物質的慾望與需要是「真實」的存在。

　　對物質的需要與慾望是非常真實的，它不能迴避，也不能壓抑，因為壓抑之後可能反彈的力道更大，渴求更兇。

　　三、《易經》採取的是「面對法」，不是「隔離法」。

　　《易經》處理慾望的態度與宗教的方法不同，許多宗教面對慾望用的是「隔離法」，《易經》卻認為人性的慾望一定要去面對，但必須將慾望的問題拉大來看，不能鑽進去看，要從整體人生的宏觀視角去面對慾望的問題，也就是說慾望是人性的一部分，但不是全部，要承認它的存在，但不必讓它放大與加強。

　　四、「不加強」是另一個重要原則。

　　慾望的一個特性就是愈陷愈深，所以《易經》特別強調不要加強，小心慾望的滾雪球效應。

　　基本上，六條爻辭都在一貫的說明「不加強」的態度與智慧。

　　初爻是「需于郊，利用恆」。意思是說面對物質慾望要像與郊外一樣保持適當的距離，慾望的開發要用恆久的態度去面對，也就是「保持距離，永續使用」的原則。

　　二爻的「需于沙」就有點不妙了，慾望稍稍加強，像走在沙灘上，有點難走，用在沙灘上走路這一個傳神的卦象，描寫慾望稍稍失控，人生開始出現些微的蹣跚與難行。

　　三爻的「需于泥」就更嚴重了。對慾望的需求加強到像在泥路行走，愈陷愈深，到最後寸步難行，兩腿爛泥。

　　四爻的「需于血，出自穴」就是說物質慾望加強到付出生命的代價，流血、出血了。「出自穴」就是說剛掉進去，趕快從自己的陷阱、苦穴爬出來。

　　五爻的「需于酒食」就是講面對物質慾望要恰如其分，像喝酒飲食，少了不能盡興，多了會傷身體，剛剛好就好。這一爻是講內在的自制力。

　　最後一爻「入于穴，有不速之客三人來」，那就不只是個人的

沉淪，更是集體的墮落了。速，召也。不速之客就是不召之客。就是說沉淪到慾望的苦穴中，自然會有酒肉朋友主動靠過來，而且不只一個（三代表很多），要下水，絕對少不了帶你墮落的朋友。到這步田地，被慾望牽著鼻子走，完全將縱慾合理化、集體化了。

需卦透過很生動、傳神的卦象，將生命沉向慾海深處的過程，刻劃得入木三分。說一個笑話——如果今天某一個同班同學拿一支A片給你，你要慎重考慮要不要看生平的第一支A片，因為慾望有著強大的慣性，三個月後，你可能每天都要看A片，五個月後，每天花好多時間看A片，一年後，開始偷窺，三年後，嘗試性騷擾，五年後，犯下第一樁性侵罪刑，十八年後，你光榮登上中華民國連續強暴殺人犯第一名的寶座！根源就只是十八年前的那一支A片啊！判刑入獄後，當年借你片子的老同學來看你，手裡拿著那一部片子的光碟，兩個老同學相對無言，唯有淚千行！

好吧！希望大家都不要遇到那麼嚴重的官司。開始講訟卦，首先看卦性，需、訟兩個卦的卦性剛好是相反的。需卦是「健而險」——面對慾望，一直挺進（健），當然危險（險）。訟卦是「險而健」——打官司本身很危險（險），但很容易糾纏不清（健）。

事實上訟卦的內容很簡明，筆者個人認為整個訟卦主要談三點原則：

一、訟卦的第一個原則是「不打」。訟卦認為訴訟官司這玩意，既麻煩，又危險，能不打，最好不打。如果糾纏到底，心勞力絀，一定是凶的。

二、最好遇到包青天！能夠遇到大德者來明案斷獄，這是最理想的。這一點現代人也是有體會的，遇到好法官跟遇到恐龍法

官是差很多的。

三、如果身處訴訟的過程,最好就不要另謀大事了。

雖然現在進入民主法治的時代,不像古代那麼容易產生冤案,但法網再森嚴還是有漏洞的,法律再客觀還是躲不開人的因素,像台灣社會這些年不斷遇上恐龍法官、天使法官、政治法官的問題,就知道打官司這回事是有著一定的風險的。再看看遠方的美國,發達的律師行業為了生意,想方設法的不斷鼓動客戶興訟的歪風,就更了解訟卦的首要原則為什麼是主張官司最好「不打」。所以訟卦的最後一爻說:「或錫之鞶帶,終朝三褫之。」就是說超會打官司的打官司打到送你一條大帶子(鞶帶,一種榮譽),但一個早上還沒結束,就被剝奪下來三次,意思是藉人事糾紛竄上去,敵眾德薄,總是不可能持久。人生呀!往往是怎麼上去,就怎麼下來,惡整別人上去,也終會被別人惡整下來。打官司這玩意,儘管打到底,也不會讓心靈充實的。

這兩個卦都有點麻煩。需卦告訴我們:面對慾望得有分寸,切記不要一直加強。訟卦則提醒我們說:這官司,能不打,最好就不要打。

師與比——群眾運動與人際關係

　　師卦的主題是「群眾運動」，實質上是討論一個人vs一群
的人問題。
　　比卦的主題是「人際關係」，實質上是討論一個人vs一個
的人問題。
　　群眾運動容易失控，人際關係著重親愛，所以《雜卦傳》
說這兩個卦的精神：「比樂師憂。」

　　總的來說，第7卦師卦與第8卦比卦是談人與人如何相處的兩個卦。

　　師卦的主題是「群眾運動」，實質上是討論一個人VS一群的人
問題。

　　比卦的主題是「人際關係」，實質上是討論一個人VS一個的人
問題。

　　群眾運動容易失控，人際關係著重親愛，所以《雜卦傳》說這兩
個卦：「比樂師憂。」這樣說，讀者應該可以清楚看出師比二卦的相
對性。

　　先講師卦。師，這個字的本義實際上是指軍事單位——2500人為
一師，引申義就是指一群人，師卦進一步引申成群眾運動的問題。基
本上，群眾運動是不得已的選項，是危險的，容易失控的。所以整個
師卦都一直在強調發動群眾運動要注意的種種陷阱。

　　第一爻就說群眾運動最重要的就是嚴明的紀律與號令（師出以
律），就是為了避免失控的危機。如果做不好這一點，師卦說：糟

透了！

二爻接著告誡運動的領袖不必太早出頭、曝光，懂得隱藏在群眾之中是安全的、聰明的（在師中吉），避免被當權者棒打出頭鳥。愈是在極權的國家，愈要小心這一點。

三爻與五爻的意思，基本上都是警告群眾領袖千萬不要多頭馬車，不要搶著出風頭。當權者已經在虎視眈眈了，運動內部別再給敵人可乘之機。

四爻則強調群眾運動要有退場的能力與機制，群眾一動用，要能夠「控制」，能進能退，這是大學問。

最後一爻就是提醒一旦運動成功，才是真正工作與考驗的開始，這個時刻得小心小人分食、破壞革命成果。歷史上出現過太多革命一成功，內部馬上出現腐敗與分裂的慘痛教訓。

群眾運動，著實一步一驚心啊，難怪《雜卦》說「憂」。

說完群眾運動，接著談人際關係。基本上，人與人之間以仁、親愛、友善來聯繫，但感性聯繫一深，就容易發生糾纏、依賴、陷溺種種的人性軟弱，所以比卦卦辭比較是從理性的角度提出提醒。卦辭說人與人之間的親愛是美好的，但不妨從生命的根源去考量、檢查一下自己的人際關係（譬如：自己的人際關係是否有助於內在的成長？還是自己的人際關係是否存在著太多利害的計算？還是浪費了太多時間在扯淡閒聊上面？……）總之，與人交往，氣象、格局要恢宏。氣象大，不會與朋友計較；格局大，感情才不容易陷溺。

比卦第一爻首先提出「誠信」原則。誠信是親比的靈魂啊！比卦說一個人的心靈容器裝著滿滿的誠信，連有私心者都會被感動。誠信待人，行遍天下呀！

　　二爻所說的，可能是更關鍵的。對朋友的愛要發自覺知的心靈啊（比之自內）！覺知的愛是健康的，不會犯錯的；不覺知的愛可能會演變成情感的盲目與氾濫。

　　三爻是反面狀況，直接說親近錯人了！跟錯人了（比之匪人）！說到這爻，說說比這個字，比的小篆是𡘙，就是畫一個人跟隨另一個人的樣子。事實上，跟隨是一個很美的生命狀態，這裡面蘊含了低頭的智慧與無為的生命哲學，但萬一跟錯了人，那也不是開玩笑的。交錯了朋友，可能很狼狽！交往錯男、女朋友，可能很受傷！娶錯老婆或嫁錯老公，可能倒霉半輩子！萬一跟錯了師父或上師，嘿，那可能就要進入靈魂的永夜！

　　比卦四爻跟易卦的基本學理一樣，四爻是外卦的第一爻，開始進入社會化的階段。四爻的原文是「外比之貞」，意思就是說到了社會，誘惑更多，如果還能夠親近正道（貞），當然就更不容易了。試想想，都到社會工作了，還能堅持讀經書、做靜心、禪坐、不放棄內在成長⋯⋯這不是更難能可貴嗎？

　　最後兩爻是兩個極端的情況。五爻是「顯比」，用白話文來說，就是磊落的愛——這是一種大氣、開放、自由、成熟、真誠、不虛偽的態度。你願意接受我的愛，我張開雙臂擁抱你；你不願意接受我的愛，要離開，這是沒有關係的，而且帶著我的祝福，不會帶著我的怨懟。

　　最後一爻是「比之无首」，就是是沒有原則的愛、沒有腦袋的愛、亂愛、跟誰都好、爛好人、裝熟魔人。這樣的態度會讓愛變得瑣碎、不乾脆、糾纏、容易被欺騙。孔子說：「好仁不好學，其蔽也愚。」沒有原則的感情容易被愚弄、玩弄啊！所以比卦的最後一爻就是給老好人、濫好人的一個警告吧。

小畜與履 ── 自愛與他愛

　　心靈的天空含水量充沛，雨雲密佈，但他愛的雨滴就是下不下來，生命成長的工作未做完啊，耐住性子，回到生命的基地吧，愛不是衝動，愛必須是自然的成熟與滂沱。

　　素履，樸素、老實、沒有華麗的形式、赤手空拳的出發邁上助人的道路。在中國文化，素是一個厲害的字，不拉幫結派的孤膽英雄是素，沒有太多技巧與用色的大畫家是素，用字尋常但境界空靈的大詩人是素，沒有任何奧援卻決不放棄追尋夢想的孤獨行者，當然也是素。

　　64卦中，小畜卦是第9卦，履卦是第10卦。

　　小畜卦的主題其實是「小小的修養」，履卦的主題是「行動」。但小畜卦的內容有著很明顯的自修、自愛、生命成長的況味，而履卦的行動顯然是指向他愛、助人的行動。所以筆者將這兩卦設定為64卦中「自愛與他愛」的兩個卦。

　　有小畜，就有大畜；小畜是「小小的修養」，那大畜就是「大大的修養」。小畜卦的下一卦是履卦，而大畜卦的前一卦是无妄卦，事實上，這四卦圍繞著「自助助人／自愛他愛／內聖外王」的生命課題進行討論，我們談到无妄大畜時再作整體性的說明。先回到小畜卦。

　　畜有「停」的意思，也有「養」的意思，綜合的說，就是指停下腳步好好佚養內在能力的生命狀態。這樣的一個歷程，古代叫內聖，現在叫自愛、自助、幫助自己、內在的成長。一個成長者通過這樣的

一個歷程，生命更形成熟與茁壯，然後在厚實的人格基礎上，出發去幫助他人，這樣的先愛自己再愛他人的行動，古代就叫外王，現在叫他愛、助人、服務別人、外在的義行。

內聖外王是中國文化一個很核心的觀念，也很實在，簡單說一下個中內涵：

一、內聖是自愛、自助、幫助自己。

　　外王是愛他、助人、幫助他人。

二、先內聖，再外王，是健康的人生程序。

三、有了成熟的人格，發出去的每一分愛，都是健康的愛。愈成
　　熟的人格的愛愈無私。

四、缺乏成熟的人格，發出去的每一分愛，都可能有副作用與後
　　遺症。

我們常說幫倒忙、愈幫愈忙、愛之適足以害之，就是由於缺乏成熟人格基礎的緣故。

這就是我常說的比喻：妳必須是鮮花，才能釋放花香，吸引蜜蜂蝴蝶；如果妳是便便，只能釋出惡臭，招來蒼蠅。

愈不成熟的人格的愛愈可能製造災難。

五、理論上，是先內聖後外王。但在真實的人生裡，內外先後是
　　綜錯進行的，每個人的生命歷程都不同，生命總是在複雜中
　　成長的。

小畜卦也是根據這個先後內外的道理展開討論的。卦辭說：「密雲不雨，自我西郊。」首先解釋這個「西」的方位。《易經》基本上是周文化的產物，周朝在中國地理屬於西北文化地區，所以《易經》提到「西」，都有母土、根源的意涵。這句經文的意思是說心靈的天

空含水量充沛，雨雲密布，但他愛的雨滴就是下不下來，生命成長的工作未做完啊，耐住性子，回到生命的基地吧，愛不是衝動，愛必須是自然的成熟與滂沱。

初爻告訴我們，自愛從找到屬於自己的生命道路與獨特性開始（復自道）。每個生命都有獨一無二的部分，愛自己，就是去發現自己跟別人不一樣的地方。

接著二爻卻說「牽復」——生命的成長不會那麼順利的，老朋友（指生命的習氣、業力、印痕、痛苦陰影）會一直牽絆著你，不讓你長大，因為你一長大、成熟，就不會跟它們玩幼稚的遊戲了，所以要毅然的掙脫牽復的階段，告別老朋友啊！

三爻的「輿脫輹，夫妻反目」，講的是「牽復」的嚴重化。成長者與老朋友發生內在的戰爭，打到大車（輿）丟掉輪軸（脫輹），人生的路無法前行了；又像夫妻反目般的內心交戰，覺性與惰性打架，生命嚴重分裂了！生命成長的悲辛，有時候真不是開玩笑的。

所以四爻說要勇敢的出血、去病，生命的警號才會排除（血去惕出）。從某個角度來說，修行像戰爭，有時要柔情似水，有時要用霹靂手段。

成長的道路是漫長的！等到火候成熟，你會自然而然的發散出人格的感染力（有孚），同道朋友就開始串連了（攣如）。

到了最後一爻說：「既雨既處，尚德載」，自愛的工作做得有點成績囉。成長有了小成，終於下雨了（下雨是幫助他人的象徵），不再是「密雲不雨」，但仍然未圓滿，這個雨下一下（既雨），又停一停（既處），所以不要亂來，仍然要以養德為最重要的生命工作（尚德載），德是心靈的糧食呀！「既雨既處」說明了很真實的狀態，小

畜卦忠告成長者好事要一點一點的做，又要懂得見好就收，但也不要忘記是時候該把步伐踏上人世間了。將愛的能量釋放出去，再回來沉澱休養，將愛的能量釋放出去，再回來沉澱休養⋯⋯人生嘛，就是走走停停囉，愛人不要忘記自愛，愛自己愛飽了又想幫助別人⋯⋯小畜卦，講真話，不說大話，好個既雨既處，時雨時晴，既化身千萬愛的雨滴，也不要忘記成為溫暖自己的春陽。

從小畜卦到履卦的脈絡，意思就是修那麼多，談那麼多生命成長，學那麼多東西，都不算數了，所有的內在德性都要落到真實人生的行動，通過考驗才是真的。不然談那麼多品格，一遇誘惑就投降；談那麼多智慧，一真的開始做事就變笨，都白修了。也就是說，內在的改革最終還是要落到外在的行動去驗證，去整合，去調整，內聖最終要結合外王，心靈最終要指向人間，這才是圓滿的人間功法。所以履卦有外王與他愛的意味。履這個字的本意是鞋子，引申為行走的意思，再進一步引申就是指人生行動或實踐。

整個履卦，最精采的是卦辭「履虎尾，不咥人，亨。」翻譯成白話文：踩老虎尾巴，老虎卻不咬人，頂多回頭齜牙裂嘴喵一下，這是人生高手的真功夫呀！當然是亨通了。踩老虎尾巴而老虎不咬人，比摸老虎屁股還厲害耶！卦辭的意思是說一旦踏入外王的道路，認真的做事，耿直的助人，就難免會得罪有力人士，甚至觸怒權貴（用老虎代表），如果分寸拿捏得好，僅僅是宣示立場與堅持原則，不致做到不可收拾，讓老虎翻臉反噬，既行正道，又保存實力，這種權衡通變與秤量輕重的行動能力，正是一個成熟的心靈在複雜的人間實行正道的人格功夫啊！

補充一點小趣味：卦辭的「履虎尾」正是金庸小說裡降龍十八

掌中「神龍擺尾」一招的原典，當然，《易經》原文比通俗小說深刻多了。

　　履卦的前二爻特精彩。初爻的「素履往」，就是指樸素、老實、沒有華麗的形式、赤手空拳的出發邁上助人的道路。素，就是這個人間行者赤裸、樸直卻堅定的行事風格與本色。在中國文化，素是一個厲害的字，不拉幫結派的孤膽英雄是素，沒有太多技巧與用色的大畫家是素，字詞尋常但境界空靈的大詩人是素，沒有任何奧援卻決不放棄追尋夢想的孤獨行者，當然也是素。

　　二爻的「履道坦坦，幽人貞吉。」倒是履卦很好的總結。不管是自我成長或幫助他人，不管是踩老虎尾巴或摸老虎屁股，內聖外王的道路都是坦蕩康莊的。人生沒有走不通的路的。但生命歷程中成長的艱辛，愛裡的悲喜，其中滋味，就不是他人能容易理解了。人生的本質是獨行的，尤其在人間行道的個中微妙，真是全世界哲學家加起來都說不清楚呀！而擁有這份難以言宣的內在覺受的成長者，履卦就稱為「幽人」——心事誰人知的真理旅人。

　　內聖外王之道，既有壯觀天地間的浩瀚視野，也有燈火闌珊處的微妙心情；真理的道路既含容無限可能，但也隱藏著無言悲喜。所以明代大儒王陽明辭世前，學生弟子請示遺言，王先生只輕輕說了一句：「此心光明，夫復何言。」——這心地一片光明啊！還有什麼需要說的呢？而民國初年律宗的一代高僧弘一大師，圓寂前也只寫下了四個字：「悲欣交集。」王陽明說出了履道坦坦，弘一卻寫下了幽人的心情。

泰與否──通與不通

泰、否兩卦有「三包」的智慧──包荒、包承與包羞。三個智慧的包子。

泰卦的包荒就是懷抱遠大的荒野精神，包荒提醒我們不要忘卻生命中更遠大的東西。否卦的包承意思是包容、承受亂世的苦痛。否卦的包羞是包容時代給予自己的羞辱，在否的時代受辱代表你是一個真誠而堅持的人。

第11卦泰卦與第12卦否卦是在討論「通」與「不通」的生命問題。

當然，「通」與「不通」是很關鍵的，不管是生命內部的運作，或人與人之間的溝通，「通」與「不通」都代表全然不同的兩種狀態。譬如：頭腦與心靈的通或不通，身與心的通或不通，理想與現實的通或不通，兩種思想或文化的通或不通，親子兩代的通或不通，老師與學生之間的通或不通，夫妻之間的通或不通，朋友之間的通或不通，資方與勞方的通或不通，合作雙方的通或不通，政府與人民的通或不通，兩岸的通或不通，兩國之間的通或不通，……等等，能不能通？如果不通應該怎麼處理？都是至關緊要的問題。處理不好，生命深層的身、心、靈乃至外在世界的信任與運作，都會顛倒破裂。

關於這兩個卦，筆者曾在別的著作中寫過一篇比較詳細的小論文，而這裡是屬於比較生活性的園地，就寫寫兩卦最精要的部分吧。寫一個泰、否兩卦的精華版。

首先，從卦辭來看，泰卦的卦辭是「小往大來」，否卦的卦辭

是「否之匪人，不利君子貞，大往小來。」「小往大來」是說付出很小，但收穫豐盛。這當然是一個通的時代了。在通達、尊重人性的環境，個人的努力往往受到整個社會制度的保障。但老實說，我們這代人欠缺的正是這種「小往大來」的經驗，我們熟悉的反而是否卦的「大往小來」——付出很多，但不見成效、收穫貧乏。我們不是擁有很多這種不通的經驗嗎？譬如一個老師認真教學，卻發覺學生愈來愈不好教，學習風氣日見淺薄。刻苦做學術、文化的工作也一樣，愈是宏觀的心靈建設，愈是得不到功利社會的認同與挹注。又像一個人努力求學，攻到碩士、博士，但工作超難找，君不見目前全台灣約有三至四千的流浪博士。這些不都是「大往小來」的例子嗎？否卦卦辭還說「否之匪人，不利君子貞」，意思是說：否指向一個非人性的時代，不利於一個君子過分執著正道。《易經》提出了警告：「**在不好的時代，過度膨漲的正義感常常就是災難的源頭。低調，有時不只是一種姿態，更是一種睿智的判斷。**」在一個超級不通的時代，樸素、低調是明智的人生態度與生存策略吧。

　　再來是初爻，泰卦的初九與否卦的初六都有「拔茅茹，以其彙」。兩爻的文字幾乎完全相同。茅茹指叢生的草，彙是一類一類、同類聚集的意思。所以整句話的翻譯是：拔叢生的草，一束一束的拔。但相同的文字，卻比喻相反的局勢。泰卦指小人一批一批被排除的的時代，否卦指君子一批一批被逼退的世道。也就是俗稱「親賢臣遠小人」與「親小人遠賢臣」的差別。有關小人囂張君子退場的例子，歷史上多不勝數，以至於當代許多政黨的問題也一樣，並不是沒有人才，而是人才慢慢的離心離德、遠離核心，造成推出來選舉的都是老鼠屎，於是連累到黨德敗壞、核心價值沉淪，甚至進一步破壞了

民間本來淳厚的風氣。所以這兩卦初爻的教訓是：啟用「人才」還是喜用「奴才」，是一個時代或一個群體成敗的首發條件。

接著綜合談泰、否兩卦的「三包」智慧——包荒、包承與包羞。泰、否兩卦有三個智慧的包子。

第一包：泰卦的包荒。

「包荒」就是懷抱遠大、宏觀、開放、包容卑下的荒野 精神與氣度。**「包荒」提醒我們不要忘卻生命中更遠大的東西。**

第二包：否卦的包承。

否卦經文是：「包承，小人吉，大人否，亨。」意思是說包容、承受亂世的苦痛；但同樣是包容承受，小人是媚俗、放棄自我而路通，大人卻是包容、堅持原則而不達；但這種堅持反而是生命真正的通路。用更淺近的話來講，就是：**「在不好的時代發，是沒品；在好的時代不發，是沒用。」**

第三包：否卦的包羞。

「包羞」就是包容羞辱。亂世嘛！種種抹黑、說謊、諂媚、虛偽、收紅包、走後門、搞黑錢、佔山頭等等狗屁倒灶的事情自然少不了，更過分的，在亂世，愈正直的人，有時候愈會惹火上身。所以「包羞」有兩個解法：（1）包容時代的羞辱。（2）包容時代給予自己的羞辱。在否的時代受辱是正常的。回教經典《蘇菲之路》曾說：「除非你遭到上千上萬自命誠實的人指證你為異端，你就尚未到達真理階前。」

文章最後，跟朋友們分享筆者最喜歡的泰卦九三爻吧，那已經是個人一段深刻洞透的座右銘了：**「無平不陂，無往不復，艱貞無咎，勿恤其孚。」**也許，寫作《易經》的先哲們，在沉思盛衰治亂的問題

時，發現了人生更深層的內在規律。

無平不陂：再平坦的人生路也必有顛簸、崎嶇。

無往不復：任何的努力都必然會「復」。

艱貞無咎：往（付出）來（報酬）是短暫的，頂多一世，但真正
　　　　　　　的恢「復」卻是恆常的，但必須對他有信心。不論處
　　　　　　　何時代，用艱難、守正的態度（憂患感），就不會有
　　　　　　　狀況。

勿恤其孚：不用擔心它的準確性。

從人生說，一定有波折；從終極說，靈性絕對會恢復。這是人生
「先艱難而後心悅」的透徹本質啊！

同人與大有──善與人同與大有天下

要怎麼回到一體性經驗呢？我告訴你《易經》的神祕答案好不好？《易經》告訴我們要：哭！是的！痛哭，大哭。眼淚就是同人的祕密答案。真正的同人一定是先哭後笑的，眼淚可以讓心靈清明，一顆清明覺知的心才能夠包容天下眾生。

「大」是天道、真理的範疇，用真理的眼睛看人間，自然不會見樹不見林，不會小鼻子小眼睛。但大而不通，又不免不近人情、標準過高。所以「通」是通感人心，了解別人心裡在想什麼，知道人間真實的高低輕重，這才是含情脈脈的成熟與情深款款的高明。

第13卦與第14卦是同人卦與大有卦，同人卦的主題是「善與人同」，大有卦的主題是「大有天下」。一般來說，每卦的主題筆者都是用白話文表達的，但這兩卦用了兩個文言文，大概是同人卦與大有卦的理想性很高，與現代人的經驗距離很遠，很難用白話文設想吧。

先說同人卦。同人卦的意思應該是講生命之間會通的可能，講人與人之間的「一體性」經驗吧。你知道什麼是一體性經驗嗎？也許你在知識上不知道，但你一定經歷過一體性的經驗。一體性經驗，古人就叫「太極」經驗，譬如：在極短暫但失去時間感與存在感的一吻中，在靈慾交合的性愛中，在與惺惺相惜的敵手忘卻生死勝負的對戰情境中，在久別重逢的擁抱中，在仇怨冰釋的眼淚中，在國族同慶的年節氣氛中，在為國家隊打氣萬眾一心的加油氣氛中，在所有人同心

同德面對災難的互助互救中，在渾然忘我的藝術欣賞或閱讀中，在與大自然合一山友之間彼此扶持的攻頂經驗中，在無我無執與天道不二的靈修經驗中⋯⋯，所謂一體性經驗，或太極經驗，祂可以很高明，也可以很尋常，祂可以是宗教的，可以是藝術的，可以是生活的，可以是人間的。好吧！一起來看看同人卦怎麼談一體性經驗的不同層次。

初爻說「同人于門」，打開門戶，離家不遠，善與人同，這是講年輕情真的與人親好，年輕嘛，總是特別容易與人打成一片。這一爻是講自然生命狀態的同人。

二爻說「同人于宗」，跟同宗族、同政黨或同一個團夥同人，這一爻說的同人比較有目的性，有時候會很熱血，但反而比上一爻好像要來得狹隘。這一爻是講人為設定的同人。

至少前二爻講的是正面的同人，第三爻卻是一個反面論述。三爻給想用武力同人、宰制他人的人一個警告，武力這條路是行不通的，你自己仔細想想也會覺得不對，用武力或力量同人不是真正的同人，而是專制；吞沒別人的生活叫專制，專制是自私的擴張，是最快也最虛假的人際溝通。這一爻是講荒謬扭曲的同人。

初、二、三爻彷彿愈同人愈扭曲偏狹了，那要怎麼回到一體性經驗呢？我告訴你《易經》的神祕答案好不好？《易經》告訴我們要：哭！是的！痛哭，大哭。眼淚就是同人的祕密答案。同人卦第五爻說：「同人先號咷而後笑。」真正的同人一定是先哭後笑的，眼淚可以讓心靈清明，一顆清明覺知的心才能夠包容天下眾生。真正的同人之道是修養自己成大德之士，才能夠真正的善與人同，但修身的過程是非常艱辛的，流淚是必要的經歷啊！只有身歷生命成長的大悲痛，

才能真正理解與同情眾生的大悲痛啊！所以同人不是媚俗、討好、爛好人，而是成熟到真的知道、懂得、體貼、幫助、轉化他人心底深處的悲辛。寫到這一爻時，剛好發生喜劇大師羅賓威廉斯的自殺事件，媒體報導喜劇大師的幕後生活卻是這般的辛苦、沉重、拮据與不健康，連帶報導像周星馳、豆豆先生、金凱瑞等喜劇泰斗都有著寂寞嚴肅的人生；這讓我聯想到，笑與哭，都是很有力量的，但《易經》說先哭後笑是有道理的，徹底讓眼淚清洗後的心靈，自然而然湧現出的歡笑才是堅實的歡笑，相反的，如果用笑來閃躲、逃避與掩蓋心中的悲痛與眼淚，這種笑反而是一個警訊，狂笑背反的挖苦，歡笑掩飾的悲愴。羅賓威廉斯一生的表演都是一個警號？成就了許多好作品與千萬觀眾的啟發，卻深深委屈了自己的內在問題。筆者再補充一點：奧修的「神秘玫瑰靜心」是先笑七天再哭七天，與同人卦表面相反，實則是理路相通的。「神秘玫瑰靜心」是一個大師設計的課程或法門，先笑是「打開」，後哭是「釋放」，然後得到全然的寧靜，才能做七天的「觀照」；至於同人卦講的「同人先號咷而後笑」，則是講真實的人生，人生中用笑來掩飾悲，這種笑是不健康的，所以奧修與《易經》所處理的不是相同的狀況；況且，「神秘玫瑰靜心」的笑七天，哭七天之後的靜觀七天，靜觀不也是一種心靈的微笑嗎！與同人卦的先哭後笑不也是異曲同工？事實上，許多不同真理傳統的教授是法理相通的，筆者個人的體會，「神秘玫瑰靜心」第一階段的笑七天是打開的挖掘之笑（見山是山），第二階段的哭七天是發洩（見山不是山），第三階段的觀照七天是覺知的心靈之笑（見山又是山）。其實也是另一種版本的「先號咷而後笑」呀！

經歷了眼淚的淨化，到達真正、最大的同人就是卦辭所說的「同

人于野」。同人到大曠野的範圍，在大自然中與人群同苦同甘同志同心，這是生命中最大最無邊底的一體性經驗了。你在家在熟悉的環境中同人還不難，能夠在不同的地方與不同背景的人還能同人，那就是德真通了，就是真正的成熟了，就是真正的一體性經驗了，就是真正「不二」的生命境界了。

同人之後大有，接著看大有卦。如果說同人卦的一體性經驗比較是從心靈層面出發，那大有卦就是將這種一體性經驗推向、落實到人間層面。所以相對的說，同人卦是心靈向度的，大有卦是人間向度的。

怎麼才稱得上大有天下呢？大有卦只提出兩個標準：元，亨。

元就是大，亨就是通。

大是天道、真理的範疇，用真理的眼睛看人間，自然不會見樹不見林，不會小鼻子小眼睛，不會目光短淺。

但大而不通，又不免不近人情、標準過高。所以通是通感人心，也就是上文同人卦講的一體性經驗，了解別人心裡在想什麼，知道人間真實的高低輕重，這才是含情脈脈的成熟與情深款款的高明。

所以元大是神聖真理，亨通是世俗真理。兩者加乘，治國濟民，才能大有天下。

伊斯蘭教名著《蘇菲之路》記載了這樣一個故事：「一個睿智博學的蘇菲研讀各方資料，預判自己的國家將在一個月後會遭敵國攻擊，他要將這項研究結果告訴國王。蘇菲的鄰人知道了，就對他說：『我信任你的研究，相信我們的國家大禍將至，也同意你要去警告國王。但你必須跟國王說你是根據星象得到得預言，不要說是根據你自己的研究結果。』蘇菲照做了，就前往跟國王說自己得到星象啟示，

國王聽信後採取行動,國家因此得救。」

怎樣?厲害吧?蘇菲厲害,鄰人更厲害;蘇菲是位睿智的先知,鄰人更是一位大先知;蘇菲代表神聖智慧,鄰人代表世俗智慧;蘇菲是元大,鄰人就是亨通啊!

是的!高明的真理可以宏觀天下,善巧狡猾的真理卻可以軟化人心。

謙與豫——謙德與快樂

　　謙是態度上的柔軟，謙是生命內在的清空，謙是學習經驗上的高峰，謙是一種精神上的無為，謙是心情上隨時準備好吸收學習的興高采烈與青春洋溢！

　　生命深層的快樂一旦湧現，人生就會有大動作啊！快樂的力量是如此壯闊浩瀚啊！真而大的悅樂是生命力量的迸發與解放，就像天雷響鳴，大地奮動！

　　第15卦謙卦談「謙德」的境界，第16卦豫卦說「快樂」的智慧。《易經》認為謙德是個人成長的終極境界——君子有終。

　　我們經常說人要謙虛、謙遜、謙讓，我們常常說謙，卻不見得了解「謙」的真義。究竟什麼是謙這個德行的深層意義與真實意蘊呢？

　　我們先看一個著名的聖經故事，耶穌與十二門徒最後晚餐的故事。在最後晚餐中，耶穌已經預知明日將至的苦難，但門徒還為了餐桌座次與地位高低而激辯。這個時候，耶穌說話了：「你們為什麼要爭執呢？你們知道嗎？所謂領袖就是在你們中間地位最低，服侍你們最周到的人。」說完了就一一為門徒洗腳。大門徒彼德著急了，說：「主啊！你怎麼可以給我洗腳呢？」耶穌說：「我這樣做，你現在不明白，將來卻一定會明白的。」停頓片刻，又說：「你們稱我主，稱我老師，但我尚且給你們洗腳，你們就不該彼此洗腳嗎？僕人不能大過他的主人，受差派的人不能大過差派他的人。」由此可見，這是東西文化共通之處，**最高明的最平凡，最偉大的最卑下——最大的最**

小，最高的最低。這就是謙的風度，耐人深思。

　　謙，不只是德行與修養的問題，還關係到生命力的青春與老化。一個人的生命力開始衰老便會驕傲，因為他已然沒有力氣去學習、擁抱新事物，所以只能執著於過去的榮光，事實上過去已經跟自己沒有關係了，過去已經不存在了。所以驕傲代表內在生命力的衰萎，自滿是老化的象徵；而謙虛、柔軟、願意學習新事物的心才是年輕的，謙是真正意義上的青春與豐富。

　　說了那麼多，那謙的深層意義到底是什麼呢？筆者認為，對謙最好的定義是「中空狀態」。是的！**謙就是生命內在的中空狀態。**將學習過的所有知識經驗消化吸收，忘卻放下，常保一顆中空、柔軟、無成見的心去學習、擁抱新知識與新事物。所以謙不僅是表面態度的謙卑，**謙更是指最佳的學習狀態啊！**像一個水杯經常倒空，隨時可以注入新水。又像清空了的心靈倉庫，才可以搬進新的貨物。也很像武俠小說的吸星大法，要將內力散入四肢，丹田常常保持中空，才能吸入他人的內力。這麼說來，謙不是有點像道家思想所談的「無為」嗎？**所以謙是態度上的柔軟，謙是生命內在的清空，謙是學習經驗上的高峰，謙是一種精神上的無為，謙是心情上隨時準備好吸收學習的興高采烈與青春洋溢！**

　　談完謙，還要加一個字：勞。

　　《易經》64卦，每卦六爻，基本上每一卦的六爻都是有吉有凶，但64卦中，只有謙卦是六爻皆吉，可見《易經》對謙德的重視，而謙卦六條吉爻之中，九三爻更是吉中之吉。謙卦九三爻：「勞謙，君子有終，吉。」勞的涵義就是勤勞、勤懇、勞動、努力、實踐、埋頭工作等等的意思。這不是很接近儒家思想所談的「有為」的觀念嗎？一

個君子能夠用心成長與努力工作，又擁有絕佳的學習能力（因為心靈清空），面對這樣的一個人，很少人能夠不折服與低頭的。所以九三爻的易傳說「萬民服也」。

好了！我們總結了謙卦很珍貴的兩個字：謙，勞。

勞＋謙＝最珍貴的生命狀態。

謙很像道家的無為，勞接近儒家的有為。

謙＋勞，不就是「無為而無不為」的思想觀念嗎？

勞謙君子，生命成長的最高境界。

哇！埋頭做事＋中空心靈！

這樣的人很難有對手了。

謙、學習、成長到一定程度，就會自然而然的湧現快樂，那就是豫卦了。快樂是很重大的生命能量，**生命深層的快樂一旦湧現，人生就會有大動作啊！快樂的力量是如此壯闊浩瀚啊！真而大的悅樂是生命力量的迸發與解放，就像天雷響鳴，大地奮動！**

講完快樂的正面力量，《易經》隨即提醒我們「鳴豫，凶。」鳴豫就是炫耀自己的快樂，這句經文是在講自鳴得意的危機。自己過太爽，到處說，萬一讓內心充滿暗黑能量或痛苦經驗的人聽到，情何以堪呀！用自己的快樂鞭撻他人的痛苦，不仁啊！還要小心聽者的忌妒與報復。

接著豫卦談「不終日」的智慧。「不終日」就是不將快樂的情緒延長到一天的結束。一天結束了，快樂也該跟著結束了。這是一種心靈的能力與修養啊！深意就是：快樂來時，充分享受，事過境遷，活在當下，即毅然拋卻，不要執著快樂啊！

「不終日」的智慧其實隱藏了一個更深刻的思考：快樂經驗不是

最終極的尋求。回教智慧語錄《蘇菲之路》裡有題目「真如之地」一節，說得很透徹：

＊「但快樂不就是人的理想嗎？」那人問。

「人的目標是真如，真如超乎快樂。真如的人，可以希望有何種心境就有何種心境，也可以任何心境全無，」他們說：「我們裝做快樂即真如，真如即快樂，而別人也相信，就像你一樣，到現在為止，都以為快樂和真如是同一回事。但快樂卻像悲哀一樣，使你成為它的牢囚。」

真如可以理解為真理的意思。這一段蘇菲，如果用更簡單的白話文去掌握，就是提出了兩種人生觀：快樂的人生觀與真理的人生觀。

＊快樂的人生觀就是——得到快樂，快樂；失去快樂，不快樂。
　　在快樂的人生觀裡，快樂是主人。

＊真理的人生觀就是——得到快樂，快樂；失去快樂，還是快樂。
　　在真理的人生觀裡，心是主人。

事實上，快樂這東西有著一種神奇的敏感性——當我們愈想抓住它，它會愈遠離我們；相反的如果我們忘記它，它就會姍姍而至。而且，當我們抓得它愈緊，它愈會變質成束縛與痛苦；但一旦我們學會放手，它就是一潭讓我們隨意享用的清泉，我們可以隨心所欲的決定喝它，或不喝它。

所以豫卦最後提出的是真理的快樂。

真理的快樂就是自由的快樂。

或者說，自由是更真實、更深邃的快樂。

隨與蠱──兩種盲目

　　隨卦談隨波逐流，蠱卦談傳統僵化。

　　其實都是在講「盲目」。現代的盲目是沒有根的盲目，古代的盲目是根繫太深的盲目。沒有根的盲目會輕浮，根繫太深的盲目會頑固。

　　第17卦隨卦的主題是「潮流的盲從」，第18卦蠱卦的主題是「傳統的包袱」。

　　這兩個卦的視角很有意思。

　　隨卦的前一卦豫卦談快樂，樂久了又會出現隨和、隨順、隨便的人性軟弱，廣而論之，就是盲從潮流，被潮流拉著跑，失去自我，隨波逐流等等的成長危機。相對的，隨卦說潮流，蠱卦就是談傳統了，「蠱」這個字就是盤中鮮肉慢慢長蛆，這是一個象徵，象徵每一個古代傳統本來都是深厚活潑，很有生命力的；但人生所有的東西都一樣，時間久了就會出現問題，小問題不處理就會變成大問題，大問題不處理就會變成沒問題，因為不用處理了，整個系統都腐敗，爛掉了。所以蠱卦的內容主要是講如何去承擔上代流下來的包袱。

　　這兩個卦比較是從負面的視角去談現代與古代。其實都是在講「盲目」。現代的盲目是沒有根的盲目，古代的盲目是根繫太深的盲目。沒有根的盲目會輕浮，根繫太深的盲目會頑固。

　　隨卦中，一再出現「係小子，失丈夫」或「係丈夫，失小子」的選擇。用今天的話來說，小子就是死老百姓、鄉民、ordinary people、不是壞人但很會混日子的人。至於丈夫就是指尋求心靈蛻變或德性成熟的成長者、大丈夫。到底要繼續跟隨鄉民們混日子,還是決心追隨大德前賢們邁上生命成長的道路,其實是很真實的生活考驗與抉擇。

至於蠱卦,筆者印象最深刻的是談到處理媽媽留下來的包袱與處理爸爸留下來的包袱的不同態度:「幹母之蠱,不可貞。」「幹父之蠱,用譽。」

幹的原意是樹幹,樹幹可以負重,引申義就是「承擔」。意思就是承擔媽媽的缺點或汙點,面對媽媽的毛病,不可以頂撞或頂正。母愛是柔軟、脆弱的,不可以在外頭學了點東西,就回家教訓父母(尤其媽媽),這是不可以的,這是「傷恩」。

那面對爸爸的毛病或留下來的問題呢?承擔爸爸的問題,就用自己的名譽或美名去洗刷上代的汙點啊!累德成譽,用自己的德承擔父親留下的陰暗,品德是靈魂的清潔劑啊!舉一個通俗小說的例子,金庸名著《神鵰俠侶》裡的主角楊過,就是用他神鵰大俠的俠名洗刷漢奸父親楊康的人格污點。

當一個有出息的孩子罷,生命成長的過程固然艱辛,但成熟的人格與德行是對父親最大的安慰。

那面對母親的錯誤或軟弱呢?只要記住一個生命的秘密,就是:擁抱媽媽。擁抱,生命最神奇的動作。

最後,隨卦還有一點很有意思,就是隨卦是少見的七、八個四卦德齊備(元亨利貞)的卦的其中之一。隨波逐流怎麼會四卦德皆備呢?所以隨卦有歧義:不好的隨是隨波逐流,厲害的隨是跟隨真理、大自然或本性的腳步啊!太極拳的順己從人,就是一種技擊上的隨。同理,在人生與修行上也一樣,順著水流,會沒有困難;逆水而行,會沉下去的。

臨與觀──行動與觀察

> 沒有行動勇氣的觀察是袖手旁觀。
> 沒有冷靜觀察的行動是魯莽衝動。

臨卦是《易經》的19卦，觀卦是《易經》的20卦。

臨卦談「行動」，觀卦談「觀察」。這是很正面的兩個卦，應該是談行動力與觀察力最古老的文獻紀錄。

臨卦談行動力，觀卦談觀察力。沒有行動勇氣的觀察是袖手旁觀，沒有冷靜觀察的行動是魯莽衝動。「臨觀」的整體性智慧到了孔子時代變成了「學思」（學而不思則罔，思而不學則殆──學是學做人，思是學知識；前者是行動性的學習，後者是知識性的學習），到了明代則演變成「知行」（王陽明的知行合一學說）。所以從臨觀⇨學思⇨知行，可以看到一個思想演變的過程。而後代著名的「知行合一」的最原始版本就在《易經》啊！

臨卦展示出人生不同階段的行動心得，談種種的「臨」──

*咸臨：年輕生命用豐富的情感面對人間。（咸就是感的意思。）

*咸臨：稍長大了，也許受傷受挫，但不要放棄對真情的堅持，用更成熟的感情面對人間。

*甘臨：但不要把人生看得太甜美哦！（中國人吃太多苦了，《易經》中總是經常出現一份憂患的意識。）

*至臨：人生是真刀真槍的！臨場感、到位（至）很重要。

*知臨：年紀大了，輪到你當家作主，最重要是知人善任、起用

人才，當頭兒的反而不要講太多話，這是中國文化「空王」的管理哲學。

*敦臨：將一生豐厚的行動經驗傳給後人。（敦是厚的意思。）

是啊！「參與、面對、行動」，是人生大法。參與人生，面對人生，不作人生的逃兵，人生的格局與氣度就恢弘了。

相對的，觀卦則講論種種「觀」的智慧——

*周觀天下：這是整體性的觀，整體性的眼睛。

*觀內不觀外、觀德不觀形：這是內觀的觀，這是重視成長心得的眼睛。面對人間世的事事物物，最重要是發現內在與深層的世界，讀一本小說、看一場電影、觀察一個生命現象、思考一個社會問題、遇見一種負面情緒，最最重要的是找到它的內在世界與深層結構。

*童觀：這是純真的觀，純粹的眼睛。

*窺觀：這是微觀，細心的眼睛。人生有時候會用上這種陰柔能量的觀。

*返觀：這是自我了解的眼睛，自我了解是重大、優先的心靈工程啊！

*宏觀：這是大視野的觀，大方向的眼睛。

*觀民：這是關懷他人的觀，他愛的眼睛。

*仰觀：這是學習前賢的觀，追隨大德的眼神。

這兩卦很精采吧！

行動家＋觀察家，這就是一個最壯大、強健的生命行者！

噬嗑與賁 ── 決斷力與藝術

決斷力有時候需要一點野蠻的生命力。

裝飾、藝術、美感的最高境界就是無色之美啊！

第21卦噬嗑卦的主題是談「決斷力」，第22卦賁卦則是《易經》的「藝術概論」。

這兩個卦的連結很特殊，噬嗑卦談決斷力的問題，賁卦則是談藝術、美感、審美經驗的一卦。表面上，這兩個卦的內容風馬牛不相及，但一定有更深層的內涵在中間串連著。

噬嗑卦的卦象很有意思：「噬膚滅鼻」。講古代的獵者出獵，一箭射中大野豬，結果有毒的銅箭頭深深陷進骨肉之中，拔不出來，但不拔出來，整塊豬肉都會毀掉，那好，手拔不出來，就用牙齒咬吧，於是獵者用牙齒咬住僅剩下的短短箭桿，使勁地拉，用力到連鼻子都埋在豬肉裡了（滅鼻）。這個卦象的意義是說，有時候找到生命問題的「元凶」，得抓緊時機，不要手軟與牙軟，拿出強大的決斷力，甚至要用上一點野蠻的力量，一舉將問題根除。

賁卦講藝術、裝飾與美的問題，讓筆者印象最深刻的是上九爻的「白賁」，真是絕妙好爻呀！一個談美感的卦談到最後竟然是美的形式的歸零與返璞歸真！

白賁的意思就是不裝飾，賁卦告訴我們裝飾的極致是一點也不裝飾。這是一種反飾於質、文不奪質、飾終返素的大魄力──從形式的美回歸文明的生命力，形式不能超過與搶奪內容及本質，形式的

雕琢到最後卻是回歸形式的樸素。賁卦兩個《易傳》的解釋也很好玩，《序卦傳》說：「賁者，飾也。」《雜卦傳》卻說：「賁，無色也。」合起來看，就是裝飾、藝術、美感的最高境界就是無色之美啊！無色，是最繽紛的顏色；空白，擁有最大的可能。

其實修行的經驗何嘗不是如此，必須放空、無為、跳進空性，隨即更深層的覺知就可能會翩然浮現。這麼說，「白賁」不只是藝術境界，也是心靈境界。（想解釋一下翩然這個詞，意思是說覺性出現時，既驀然又自然，祂突然造訪，你又覺得本該如此。筆者不太會說明這個「契機」的情狀，所以用了這個詞。）

相反的例子很多，像前幾年女生開始流行戴超長的假睫毛，以及愛作怪戴沒有鏡片的眼鏡框，都是裝飾太過、文過其實的例子。我常對班上的女同學開玩笑說，有上述兩種行為的女生如果到我的講台前問問題，小心我拔妳的假睫毛、戳妳的眼珠子（這當然只是說說）。但多年前有一回，筆者趕去教室上課，經過走廊穿過一群圍著聊天的女生，我的媽呀！濃得像瓦斯的香水味從鼻腔猛鑽進來，太超過了！這也是一種形式與裝飾的過度使用，我覺得根本是嗅覺上的性騷擾！害得我後來在課上教女學生正確使用香水的方法應該是：將香水噴在前方空氣中，然後整個人迎上去呀！這樣的裝飾的過度使用，倒不如前一陣子女生流行露股溝、露胸線比較「質樸」點，畢竟是身體真實的「武器」啊，但這樣的「質樸」又有一點露得太粗魯了，股股是排泄器官，胸胸是哺乳器官，刻意露給人看，難看，不文雅嘛！所以一個女生真正的本質之美還是在氣質、優雅、魅力與心靈啊！

舉一個正面的例子，中國藝術廣泛使用的「留白」技法，正是為了大幅減少形式、技巧、裝飾的過度使用，而讓藝術的本來面目與生

命力可以更直接、容易的與閱讀者照面及對話。「留白」技法大量使用在各個藝術的門類,譬如中畫裡文人畫派的留白,中國詩人寫詩講究含蓄與有餘不盡,中國古樂不走西方交響曲路線的華麗風,中國庭園建築重視實體與空間的虛實互動……等等,其實都是「白賁」觀念的延續。

　　突然想到,也許噬嗑卦的內容比較野蠻,賁卦談美感經驗比較精細,野蠻對照精細,正是這兩個卦組合的內在聯繫吧。

剝與復——敗壞與復元

在剝的時代，君子只能站在高處觀望，保存實力，不要淌渾水，反而是最好的出路。在最不好的時代，在最不好的身心狀態中，保存一份生命的元氣吧。

復卦六爻一陽五陰，而敏感、微妙、關鍵力量萌發的根源就在唯一的陽爻——初九。卦象「雷在地中」，意思指一個很大、很陽剛的力量要從生命基層迸發出來。是的！往往從最中心出來的力量是最強大的。

第23卦剝卦的主題是「敗壞」，第24卦復卦的主題是「復元」。這幾乎是所有生命歷程必經的兩種狀態，所以這是普遍性很高的兩個卦。剝卦談「敗壞」，談得很簡明；復卦講「復元」，卻談得很深刻。

先說剝卦。《雜卦傳》說剝卦，就說得很傳神：「剝，爛也。」說得夠直白吧，剝卦講生命的爛掉。卦辭也說在生命力被剝蝕的狀態中，不適合有所作為。整個剝卦，五陰一陽，唯一的陽爻（君子）孤伶伶涼在最高的地方，無能為力。可見這個卦講的是一個「很爛」的狀態或環境。

剝卦的卦象是「牀」，牀是睡覺的地方，現在連牀都爛掉，睡也不能好睡。初爻講牀腳開始腐爛了（剝牀以足），個人生命或整個時代從最基層開始爛起，《易經》告訴我們這時候千萬別出現頭腦過熱的正義感，在很爛的環境裡，強出頭充漢子，會要人命的。二爻進

一步爛到牀板（剝牀以辨），這個階段君子們甚至會感到連朋友都沒幾個，有一份無能為力的寂寞感。三爻說這時候如果夠狠，將牀板爛掉的部分砍掉，雖然牀不成牀，但至少能讓敗壞的狀況停止下來，但一般人都缺乏這份壯士斷「牀」的魄力。所以爛到四爻連皮膚都受到感染（剝牀以膚），真是名副其實的切膚之痛了。五爻很好玩，沒有繼續談牀，卻告訴我們到這個地步是一個小人魚貫而出的時代──小人滿天下，知交無一人；那怎麼辦呢？這裡就顯現出《易經》的智慧了：（1）小人不能重用；（2）但小人也不能甩掉不理他，遠之則怨，會給你背後搞蛋的，所以分點利益給小人，將小人當作小三一樣逗著玩，有時候是必要的（但不能重用，也不能讓他當家）。到了最後一爻，整個狀況爛透了！君子只能站在高處觀望，保存實力，不要淌渾水，反而是最好的出路，就靜觀小人們鬥到不要說牀了，連居住的房子都保不住（君子得輿，小人剝廬），所謂「天下皆秋雨，山中自夕陽」，在最不好的時代，在最不好的身心狀態中，保存一份生命的元氣吧。

　　所以整個剝卦的重點就是不要強出頭，拋卻沒有意義的正義感與衝動，冷靜到近乎冷酷的智慧以及保存生命力的強大，靜待復卦時代的來臨。

　　復卦的主題是談「重生、復元」的問題，更深入的說，是在討論**「內在力量與熱情的恢復」**。

　　復卦是一個很有力量的卦。復卦是「十二月消息卦」中的十一月卦與子時卦，周曆以十一月為歲首，周朝人在冬至的那一天過年，所以復卦也是「十二月消息卦」的第一個卦。不管是冬至日還是子時，都是一個很微妙、敏感的時刻，所謂「一陽初動處，萬物未生時」，

它的深層意義是「衰極而盛、由弱轉強、生機萌發的轉戾點」。南懷瑾先生提出「活子時」的觀念。人生有著許多由衰轉盛的關鍵時刻，如果能夠敏銳的掌握，適時的休養生息或用藥調理，就能夠讓身心靈得到很大的能量提升甚至延年活命。譬如：大病初癒、迴光返照、人生谷底、少女初潮、女性月事、產後坐月子、冬至日或子時禪坐靜心等等。「活子時」就是由衰轉盛之際，身體與心靈處於敏感時刻，很類似「渾沌理論」所說的開放系統（Opening System）或蝴蝶效應（Butterfly Influnce）。這時身體或心靈進入開放狀態，適時的做一點事，或加進一點正面的力量，將會出現十分可觀的加乘效果。筆者即曾經聽過妻子的朋友在產後調理治癒胃癌的事例。總之，在冬至那一天或在任何人生敏感時刻閉關修養，靜靜感受復的力量的生發、重現、萌吐，要靜靜的觀察它、感覺它、等待它、不驚擾它，讓生命的契機慢慢的綻放、回返。

復卦六爻一陽五陰，而敏感、微妙、關鍵力量萌發的根源就在唯一的陽爻——初九。卦象「雷在地中」，意思指一個很大、很陽剛的力量要從生命基層迸發出來。是的！往往從最中心出來的力量是最強大的。對這種力量說得最一針見血的還是《雜卦傳》：「復，反也。」復，就是返回心靈的力量啊！或者說復返初心，初心就是生命最原始、純真的Feel與元氣。所以，復卦其實是很「嬰兒感」的一個卦，老子說的「復歸於嬰兒」，也是這層涵義罷。

復卦的卦辭很長，其實都是在形容這種強大、微妙的力量：「復，亨。出入無疾，朋來無咎，反復其道，七日來復，利有攸往。」翻譯成白話文，大意是：一陽來復，打開了人生的通路。只要喚醒內心的陽剛，出世入世都是OK的，而且不管是一串好運或一串

壞運來造訪都沒有關係，只要能夠回歸真理的家。但人生低潮到生命元氣的恢復需要一定的時間（用「七日」來比喻），只要生命有自覺的方向，總會穿透人生的暗夜的。

初九（唯一的陽爻）的「不遠復」理當是最貼近復的本質。「不遠復」有兩個解法：（1）迷失不遠，馬上就復。（2）不必遠求，就從自身最卑微的地方做起。王鎮華老師說就是「偷、懶、私、賴」。每個人的缺失與習氣都有不同，從自己最熟悉的「老朋友」起復，是最有效的作戰策略。這兩個解釋都很精要，說法不同，但都說明了人生初階與青春生命比較容易迅速改過復元的敏感與清純，因為生命的習氣還不深重嘛。大概是由於比較接近「初心」，回「家」的路也比較近。

如果病情或積習稍深，做不到「不遠復」，那就需要沉澱反思，而休息是最好的沉澱了。那就是二爻的「休復」。走了一段人生路之後，需要休整養息，有時候休息是很美麗的。休是休息的意思，「從人依木。」人生，有時候需要找顆樹靠一靠。休也有美善的意思。人生行道，走得乏了，便好好休息沉澱罷，讓生命美麗的恢復。讓心靈，睡個美容覺吧。

三爻的「頻復」是說如果病根深種，成長者仍有勇氣挑戰固習，就會出現強烈擺盪的「頻復」。這時生命的病已經陷得很深，雖然改過去病的決心很強，但慣性強大，生命擺盪得厲害，一再好轉，又一再病發，這就是「頻復」的狀況。可見仗不好打，情況有點危險，所以經文說「厲」，可是《易經》還是鼓勵這種提刀上陣、自我改革的勇氣，也就補充評論說「无咎」——沒有問題的。如果從外王、他愛的角度，教者要了解學習者的成長初期，生命會擺盪得厲害，一般不

會一次就全復，教育者要有耐心，對人性要有信心。在人生的泥濘裡成長，路很崎嶇，教者的不放棄，對學者來說是重要的穩定力量。從更宏觀的視角來說，一個文化要能忍得住許多苦難的擺盪，才真能走上成熟、坦蕩的通路。

四爻的「中行獨復」是孤獨的心靈之路。也就是說，到社會上想要復，得靠自己了。自己的路，自己走；自己的仗，自己上。「中行」就是心靈的道路，跟著內在的感覺走，要有獨自恢復的勇氣。在人世間要中道行世，走心靈的路，回到初心，會是很孤獨、嚴峻的考驗。

初爻「不遠復」之後，又歷經「休復」、「頻復」、「中行獨復」，累積了堅實的成長經驗與生命厚度，敦者厚也，所以「敦復」就是厚復了。至於這種壯年之後的生命厚度的內涵為何，傳文有更具體的指出。《象傳》說：「敦復无悔，中以自考也。」人到壯年之後，內心還具有自我檢察、反思、調整的能力，當然是生命厚度的表現了。意思是說，成熟之後最珍貴的能力就是反省自己。

人到晚年，成見根深蒂固，執迷太深，到這個時候才想復，來不及了。所以經文說「迷復，凶。」人生晚年最凶險的危機是堅持錯誤，失去了復的柔軟與生機。這一爻經文舉的例子都很嚴重，都是說明失去復的力量的晚景悲情。

看完卦爻辭，總結的說，復卦的基本精神就是「一陽來復」。一回來，就是一切回來、整體回來，不要小看一，有時候一就是一切。中外古今不乏許多一個人或一小撮人初心萌發、立志發願，即推動整個歷史巨輪的例子。

无妄與大畜——无妄之災與痛苦智慧

　　當遇到意外的橫逆與打擊，有時候學習沉默、裝啞巴、當悶葫蘆、不解釋，也許是最智慧的做法。

　　前方有危險啊！遇見人生嚴厲的考驗，最適合做什麼呢？最適合停下來沉澱反省，休整自勵，真是老謀深算的停止智慧。

　　第25卦无妄卦的主題是「无妄之災」，緊接著第26卦大畜卦的主題是「痛苦智慧」。

　　无妄卦事實上有兩層含義，下文再詳細解說。大畜卦直接翻譯應該是「大大的修養」或「壯大的修養」，這是相對於前文的小畜卦而言。那，怎麼說是「痛苦智慧」呢？原來這兩卦的深意是：人生有時候是真的會遇上無妄之災或飛來橫禍，生命橫遭無明的打擊，如果傷害太深，這時硬要辯解、補救、挽回、生氣都是沒有用的，更深厚的做法莫如停下腳步，利用人生跌一跤的時機，轉化痛苦能量為成長動力，化煩惱為菩提，去做壯大的生命成長工作。這就是從无妄到大畜的因果關係，由痛苦觸發成長，所以我定義大畜卦的主題是「痛苦智慧」。也就是說，穿透這兩卦的三個生命程序是：**災禍⇨痛苦⇨成長**。

　　另外，前文談小畜卦時說過，小畜、履、无妄、大畜這四卦圍繞著「自助助人／自愛他愛／內聖外王」的生命課題進行討論。小畜卦的內容談自愛的成長工作，內聖之後外王，自己成熟了之後幫助他人

成熟，所以跟著履卦的內容談他愛的助人行動；雖然履卦的卦辭說可以做到踩老虎尾巴老虎卻不咬人，但畢竟江湖路走多了，總是會遇到打擊、挫折、意外的災難，至少會疲倦嘛，這就是无妄卦的內容了，那麼回過頭停下來養身修德吧，這就是大畜卦所說的痛苦智慧了。小畜、履、无妄、大畜這四卦講自愛他愛的一體互動，是的！在真實複雜的人生裡，內聖與外王的能量常常是分不開的。

好！開始談无妄卦唄。

无妄這個卦名其實有兩層意義。妄，就是假的意思，那无妄就是不假囉。什麼東西最不假呢？當然就是真理囉，古人叫天道。但不只真理不假，無妄之災也是不會騙人的，天上砸下來的狗屎有時候也是很真實的。所以，无妄指：

一、真理、天道。

二、無妄之災、意想不到的打擊。

綜合起來，意思就是說：真理基本上是真實不虛，不會放棄人的；但偶而真理也會恍神，老天爺也會打個瞌睡，這個時刻就有可能發生讓人意想不到的冤屈或災難。至於老天爺為什麼會打瞌睡？我就不知道了，也許當事人會很清楚，你說呢？

而下文談的，基本上是无妄卦的第二層涵義：莫名其妙的被狗屎砸中。

第三爻說：「无妄之災，或繫之牛，行人之得，邑人之災。」翻譯成白話，就是說：人生的不白之冤呀，就像一個農夫將牛綁在樹下，然後離開了一陣子，結果一個路人經過將牛牽走了，農夫回來發現，卻認為是被鄉內人偷走的，全鄉人都受到懷疑與調查。這就是真理恍神、老天爺打瞌睡呀，人生嘛，有時候就是會碰到些莫名其妙的衰運。

　　那怎麼辦呢？第五爻提出了藥方：「无妄之疾，勿藥有喜。」原來無妄之災、飛來橫禍所造成的不公平、冤屈與傷害，不要抗爭、申訴，也不用自責、過慮，總會有人想到鄉外人偷牛的可能性，被冤枉的人最終會得到平反的。更深入的說，當遇到意外的橫逆與打擊，有時候學習沉默、裝啞巴、當悶葫蘆、不解釋，也許是最有智慧的做法。筆者曾經寫過一個趙州和尚的故事，大夥請參考附錄。

　　但无妄卦最後一爻卻說被冤枉、被誤解、被委屈還算小事，真正大條的无妄之災可是會要人命的！歷史上確實出現過這種事──耶穌、蘇格拉底、林肯、甘地的被謀殺，孔子的被逼退，佛陀的祖國被滅，司馬遷的被割掉小雞雞……在這種嚴重的時刻與氣氛裡，不要說不說話、分辯了，无妄卦說你最好連動都不要動，不要輕舉妄動，真是動輒得咎，亂動會死人的！人間世確實有這種非常時刻，《易經》深知事態的輕重，在无妄卦的最後一爻給我們留下一個嚴峻的提醒。

　　无妄之後大畜，不管是「壯大的修養」或「痛苦智慧」，大畜卦都是很精彩的一卦。卦象是「天在山中」──整個天都在山裡，無窮的力量都在人格的山峰中沉澱培養，怪不得是大畜！卦性是「止健」，利用橫逆的痛苦將人生的腳步停止下來，強健的生命力更能得到伐養與發揮。跟小畜卦一樣，事實上，大畜卦的畜，有「止」的意思，也有「養」的意思。

　　大畜卦的六條爻辭深邃簡明。初爻是「有厲，利已。」前方有危險啊！遇見人生嚴厲的考驗，最適合做什麼呢？最適合停下來（利已）沉澱反省，休整自勵，真是老謀深算的停止智慧。

　　二爻是「輿脫輹」簡簡單單的三個字。無妄之災嚴重到車子輪軸掉了，比喻人生的路走不下去了。怎麼辦？象傳補充說：「中无尤

也。」內心沒有怨尤呀！趕緊利用現實上的挫折成就內在的能量與德性。正是大畜奧義。

怎麼成就？三爻指出了具體的方向：「日閑輿衛」——每天不忘練習駕車（比喻通向別人）與防守（比喻穩定自己）的功夫。大畜之日，天天不忘準備人生的挑戰。衛是防守，隱喻自愛的生命成長；輿是駕車，隱喻他愛的助人工作。生命遭遇的挫折讓內聖外王的的功夫更深刻。

四、五兩爻的意義很相近。四爻是「童牛之牿」，在小牛角上綁根橫木（牿），讓牠不要毛毛躁躁亂撞亂頂。五爻是「豶豕之牙」，用木欄（牙）將野豬圍起來，讓牠不要瞎跑，節省力氣。兩爻都是沉住氣，不要使性子，耐得住寂寞，好好栽培自己，不要亂跑亂動浪費力氣的意思。人生嘛，有些時候是需要「不動」的。

最後一爻是大畜的終極理想：「何天之衢。」大畜到最後，可以承擔上天的大道啊！別小看自己的生命成長，有一天你可以通向真理的大道。衢，這個字很有意思，四達謂之衢，衢就是四通八達的道路網，隱喻生命的成長有一天可能連通到很寬闊很通達的專業、人事與心靈的經驗網路之中。衢，就是從2D、3D、4D……到無限D的生命成長道路啊！

附錄

一個關於冤曲、人性、人心作用與其他……的故事
——「是這樣的嗎?」

一直記得星雲老和尚講趙州和尚的一個故事:

趙州和尚修行的寺廟山下的一個村莊,一對青梅竹馬的男女私通懷孕。兩個人又驚又懼!男子家貧,一旦事發,準是悲劇下場。女子叫所愛趕緊離鄉,她獨自留下應付。男子離去後,家中父兄逼問女子是誰幹的好事?女子被迫不過,只好說腹中孩子的父親是趙州和尚。

耆老、父兄帶著女子來找趙州,說你出家人不守清規,還啥狗屁一代名僧,說了一堆難聽的話。趙州默默聽完,只回答一句:「是這樣的嗎?」

大夥拿趙州沒辦法,只好留下女子,氣憤離去。趙州於是照顧女子十月懷胎,不顧眾弟子與信眾的白眼、辱罵。等到女子生下孩兒,養好身體,趙州知道事情原委,就拿盤纏給女子去找她的丈夫,孩兒就留下來,讓俺大和尚照顧。女子痛哭流涕,說冤枉了師傅,師傅卻以德報怨。趙州默默聽完,只說了一句:「是這樣的嗎?」

從此趙州整日揹著孩兒,每日下山到市集為孩兒找奶喝,卻被鄉人紛紛辱罵一代淫僧。每趟趙州笑笑聽完,還是那一句:「是這樣的嗎?」

到了孩子三歲,孩子父母在外經商致富,回家請求家人

諒解，並說出真相。一眾耆老、鄉人大驚！全數上山請趙州原諒，說啥師傅胸懷如海，講了一堆恭維話。趙州默默聽完，仍然輕輕的說：「是這樣的嗎？」

　　一眾弟子、信眾聞訊，趕來拜倒趙州腳下。趙州摸摸弟子們的光頭，就拉著孩兒的小手跳起舞來，因為他知道孩兒要跟父母回去了。孩兒跳得高興，指著趙州哈哈大笑，趙州抱起孩兒，親親他的小臉蛋，微笑說：「孩子，是這樣的嗎？」

　　（最後一段為作者所加。）

頤與大過── 心靈糧食與嚴重錯誤

　　整個頤卦只有一個重點，就是卦辭的「自求口實」。「口
實」就是實實在在吃東西，重點在自己吃飽，看別人吃是沒用
的，自己的仗自己上，自己的飯自己吃，光看別人吃是不會飽
的，光讀聖人的書是不會變成聖人的。

　　大過卦說這是一個「棟撓」的時代──像屋子的棟樑彎曲
了，危險呀！房子隨時會倒。那該用怎樣的態度去面對這種局
面呢？答案是：用「柔道」。用柔軟、樸素的態度去面對，比
較能在充滿壓力的環境裡重啟生機。

　　頤卦是64卦中的第27卦。頤卦的主題是談「養德」或「心靈的糧
食」。頤卦的卦象很特別，頤是一個人體部位，指臉頰的肌肉，也就
是嘴邊肉。吃東西時都會牽動這部位的肌肉，所以頤有引申為咀嚼或
進食的動作，成語「大快朵頤」、「頤養天年」都屬於這樣的含意。
所以頤卦用肉體進食的動作來比喻心靈進食的意義。

　　事實上整個頤卦只有一個最重要的重點，就是卦辭講的「自求
口實」。「口實」就是實實在在吃東西，「自求口實」的意思就是重
點在自己吃，看別人吃是沒用的，生命的成長是不假外求的，養德是
自己的事，自己的仗自己上，自己的飯自己吃，光看別人吃是不會飽
的，光讀聖人的書是不會變成聖人的。初爻也說「舍爾靈龜，觀我朵
頤，凶。」捨棄自己的心靈成長（靈龜，龜這個東西不食而壽，德能
通天，是中國人心目中的靈獸），卻看我在嚼東西，凶險呀！初爻的

意思是說生命成長外在化，不內求，盲目跟從別人，這是不對的！

　　頤卦說話的對象其實是成長者或修行人。人的頭腦作用有一個很奇怪的現象，就是知道了，就自以為做到了；或者做了一點點，就以為達成目標了。其實還差很遠囉。這就是所謂的「自我膨脹」或「知識的驕傲」。讀了一點儒家的經書，就以為自己是聖人了；讀了一點《道德經》，就以為自己是老子了；坐了幾天禪，就以為快要成佛了。事實上，《論語》是孔子的「進食紀錄」，你看他怎麼吃，看再久也不會成為孔子的；《道德經》是老子的「進食紀錄」，你看他吃得再怎麼香，看再久也不會變成老子的。必須自己實際去吃而且吃飽才算數，這就是「自求口實」的意思。看別人的「進食紀錄」只能是經驗參考，給自己「做」的參考，事實上，「知」與「做」，「做」與「做到」，還是天差地遠的。所以別自擺身段的自封「知識的聖人」或「想像的聖人」，一身聖人氣或佛氣，一開口就教訓人或端起架子，沒點人味，反而討厭。事實上，生命成長或修行就不要整天想著成聖成佛或啥終極解脫，只要一個片刻一個片刻的無為、覺知與面對，好好的當好一個人，時候到了，就知道了。

　　總之，頤卦的主題是強調「實修」，自己「吃飽」，自己去「做」，才是真的。

　　頤與大過兩卦是「錯」卦，基本上，「錯」是相對、對反的關係──頤講個人的缺失，重點是自己要「吃飽」；大過談的則是大時代的災難，強調要用「柔道」去面對。

　　大過卦是64卦中的第28卦，大過卦主要是講「衰世中的災難與顛倒」。這一卦有比較複雜的主題設定：

　　一、大過講的是一個大過失的時代，《雜卦傳》說：「大過，顛

也。」一個顛倒的時代，不就是講我們今天的世界嗎？經濟開發比環境保護重要、享樂比健康重要、金錢比心靈重要、罩杯比內在重要、口號比內涵重要、賺錢比快樂重要、愛作怪比老實做重要、考試排名比親子情感重要、形象包裝比真正實力重要、選票考量比國家發展重要、職業訓練比人格養成重要、功利主義比文化宏觀重要。這不就是一個價值觀嚴重顛倒的時代嗎？

二、想在大過失與顛倒的時代建立大事業，所以「大過」就是大大的跨越與超過的意思。

三、自然容易發生大錯誤。

對大過，《象傳》也提出了深刻的洞見。《象傳》說大過卦的卦象是「澤滅木」——洪水淹沒樹林的災難景象！跟著《象傳》建議在「澤滅木」這樣大失的時代裡，要「獨立不懼」與「遯世无悶」。「獨立不懼」就是要挺住，沒在怕，世道愈亂，愈要工作、生活得有氣魄。「遯世无悶」就是在災難的時代要忍得住，耐得住寂寞，不要在不好的時代強出頭，反而容易造成大過。這兩項是大功夫呀！

卦辭就點出這是一個「棟撓」的時代——像屋子的棟樑彎曲了，危險呀！房子隨時會倒。那該用怎樣的態度去面對這種局面呢？答案是：用「柔道」。用柔軟、樸素的態度去面對大過時代的人、事、物，比較能在充滿壓力的環境裡重啟生機。大過卦九二爻就說「枯楊生稊」——枯萎的楊樹重新生出嫩葉！陽過的時候要懂得用柔道栽培，才有可能重新啟動新的生命力。相反的，如果太過陽剛還不懂得回頭，繼續用正用剛，那就是上六爻的「過涉滅頂」——以為自己可以擔當整個時代的災難，結果太過涉入反招滅頂之災！在大過大失的時代，最怕就是出現這種狀況。

　　總之，頤卦要我們「自己吃飽」，大過卦則要我們學會「柔軟哲學」。

坎與離——黑暗與光明

　　面對生命的危險與陷阱，該怎麼辦呢？整個坎卦最珍貴的就是給了我們兩個寶貝：心靈與行動。心靈的力量是不會被任何危險擊敗的，行動的力量是最直接的。

　　離卦講繼承傳統、師傅、前輩經驗或文化力量。面對屬害的人或傳統，奧修說要「臣服」，離卦的說法很搞笑，要我們當弟子的，像一頭乖乖的溫馴的小母牛！

　　第29卦坎卦與第30卦離卦是《易經》談「黑暗與光明」的兩個卦。

　　坎、離是基本八卦之二。坎卦是兩個小坎卦組成，所以是「重險」──人生常常是危險中有危險，黑暗中有黑暗。離卦是兩個小離卦組成，意義是「繼明」──對光明力量的繼承。但談黑暗的坎卦處處綻放生機，談光明的離卦每每出現考驗。福兮禍所倚，禍兮福所伏，這是人生常態。

　　先談坎卦。重險的意思，就是一個危險還不夠，再加一個危險；而坎卦的險，也有陷阱的味道。但不管是危險還是陷阱，其實沒那麼可怕，面對它，就會通了。事實上，老天爺安排了三樣東西來激勵、教育我們：無聊、危險與痛苦。

　　那面對生命的危險與陷阱，該怎麼辦呢？整個坎卦最珍貴的就是給了我們兩個寶貝：心靈與行動。卦辭的原文是：「維心亨，行有尚。」

　　「維心亨」，亨者，通也。心靈，對己，可以覺知；對人，可以

感通。而且心的強大是真正的強大，心靈的力量是不會被任何危險擊敗的。

「行有尚」，行動的力量是最直接的力量，行動裡隱藏著人間的智慧，行動也是最真實、最便捷、最不迂迴的人生答案。

心靈是內在教授，行動是外在教授；心靈是「心性道」，行動是「人間道」；佛、道多談心靈教法，儒家著重人間行動。所以說心靈是還沒發動的行動，行動是已經發動的心靈。這就是王陽明「知行合一」的白話版本。

事實上《易經》很狡猾，面對人生的危險、陷阱、黑暗，提出了心與行這兩個大教法，還能有第三個答案嗎？

看過卦辭，接著看幾條爻辭。

初爻說年輕人遇到人生的艱困，想去解決問題，但經驗不夠，方法不對，反而會讓自己掉到人生的坑裡。經驗火候不夠是需要注意的。

初爻還是因為不小心，三爻說的「險且枕」就有點那個了。最危險的危險是那種給你一個甜美假相的危險，譬如引誘消費者盲目追求潮流與名牌還給出一頂時尚的冠冕，當然長期盲目追求潮流的結果是失去生命的主體性與深度。所以第三爻是講危險＋安逸＝人生跌停板。

所以第四爻丟出一個態度──處險以質，渡險以約。在危險中還是過得樸素一點吧，在簡單、寧謐的生活中比較可能領悟出處理危險的智慧。

接著談離卦。離卦的「繼明」有點繼承傳統、師傅、前輩經驗、文化力量的況味。面對屬害的人或傳統，奧修說要「臣服」，離卦的說法很搞笑，要我們當弟子的，像一頭乖乖的溫馴的小母牛！什麼？

我好好一個大男人你叫我當母牛！事實上每個人都是很固執、自我、囂張的，能讓自己變成一隻乖乖的小母牛，你知道需要多大的沉著、謙遜與力量嗎？那是降伏自己內在驕傲的力量。

「繼明」的第一步，《易經》要我們走進複雜，要我們鼓起勇氣踩進一個複雜的人生。就是離卦初爻的「履錯然」。真理是純淨簡明的，但人生是千頭萬緒的；我們要有領悟簡單的爽氣，也要有面對複雜的勇氣；真理是昇華版的人生，人生是複雜版的真理。老天爺就是要我們玩一個迂迴曲折的Game嘛。這就叫天人合一。所以在人間，咱們得有面對、學習複雜的擔當，不要想說做好一件事，或學好一個東西，就可以解決人生的所有問題。這樣的心態不是偷懶，就是固執。人生絕對是複雜系統，咱們就必須要學會用豐富面對複雜。更具體的說，儒家可以解決一部分的人生問題，學佛可以解決一部分的人生問題，科學可以解決一部分的人生問題，專業技能可以解決一部分的人生問題，道家可以解決一部分的人生問題，文學藝術可以解決一部分的人生問題……但人類文明的任何「一塊」都不能解決所有人生的問題。離卦的「履錯然」就是要我們準備擁抱複雜的勇氣。

即像上文所說的，要有面對複雜的勇氣，也要有領悟簡單的爽氣。離卦二爻說的就是後者。二爻要我們繼承的是心靈的光明——純淨簡明的心光朗現。

三爻說的是負面情況。初、二爻說的是文化的複雜與心頭的明朗，如果這兩者的價值都得不到尊重，《易經》就嗟嘆這是一個輕薄膚淺的時代了。

四爻進一步批判這個輕薄短小的時代，突兀的冒出許多莫名其妙的短路，讓傳統的深厚被焚毀、被拋棄、被譏笑。這是一個描寫傳統

死亡的爻。

　　那怎麼辦呢？五爻說解決的方法還是淚如泉湧、懺悔痛哭吧！《易經》又一次提到眼淚的力量——大悲大慟後的心裡清明，痛哭之後覺悟到真理。

　　離卦最後一爻說必要時動用武力撥亂反正，扭轉時代的歪風，也是可以的？各位看倌，個人的人生閱歷不夠深厚，這一爻的深意，老實說，筆者實在看不出個所以然。

咸與恆 —— 感性與理性

　　感動、感情的決定或感知的作用是很迅速的，相對的，真正的思考其實重點不在結果，而在縝密、漫長的思想與研究過程。

　　心靈是很快的，頭腦往往跟不上心的速度與敏銳。

　　64卦中的第31卦咸與第32卦恆就是《易經》談「感性與理性」的一對卦。

　　咸卦談「感性／感情／感動」的問題。它告訴我們感動要懂得停止，適可而止的感動才會湧現心靈的喜悅，感動變成放縱反而會帶來痛苦。咸卦又告訴我們做任何事情都必須要有真正的感動，路才會走得通；但緊接著丟出補充原則：感動的對象必須正當，不然，對看A片感動、對砍人感動、對嗑藥感動、對縱慾感動……就不好了。總的來說，感動之道有三：

　　一、感動是人生道路的關鍵力量。

　　二、感動要懂得停止。

　　三、感動的對象要正當。

　　咸卦的卦象很特殊，用了六個人體部位來比喻不同感動的狀態：

*咸其拇：大腳趾的感動。年輕人躍躍欲試的感動。

*咸其腓、咸其股：小腿肚與屁股的感動。小腿肚與屁股都是不隨意肌，意思指盲目跟隨流行、沒主見、被動的感動。

*朋從爾思：思想的感動。指透過成熟的學問、人格、思想感動
　　　　　　人心。

*咸其脢：背脊的感動。意思指背負、承擔他人的感動與艱難。

*咸其輔頰舌：心靈的感動變質成嘴皮子運動，意思指生命老化
　　　　　　　與僵化，當初活活潑潑的感動變成了形式，只剩
　　　　　　　下一張嘴說好話討好別人。

　　這幾種感動，有正有負，我想決定正能量或負能量的關鍵，在感
動的力量究竟是源自內在的，還是盲從外在潮流的身不由主。

　　還有一點很有意思的，是關於咸卦的卦名。「感」少了「心」的
這個「咸」字，本義是「都」或「皆」的意思，深層的意義指真情實
感必須兩個人「都」有感覺的才算，單方面的感情只能算是幻象。感
情嘛，必須是互動雙向的。

　　恆卦則談「理性／思考／頭腦」的問題。個人覺得，恆卦的卦象沒
有咸卦那麼活潑豐富，但這個卦有一點意味深長的是：恆卦幾乎是64卦
中唯一六爻皆凶的一個卦！為什麼談理性的卦六爻皆凶呢！這就是《易
經》深刻的地方。《易經》深深知道理性能力或頭腦作用是人類這個
物種獨有的強大武器，但理性與頭腦也可能造就非常危險的災難啊！
試想像核武器、宗教戰爭、意識形態戰爭、金錢遊戲、資源浪費、溫
室效應、生態破壞等等，不都是人類理性造成的後果嗎！彭彭丁滿不
會製造核彈，小鹿斑比不會破壞生態，圓圓圓仔也不會玩金錢遊戲造
成資源浪費，而這些都只有人類會做，怪不得電影《駭客任務》的電
腦人說：「人類是地球之癌。」恆卦九四爻用了一個最具結論性的生
動比喻：「田无禽。」，就是說人類長久過度發展理性，不重視內在
德性的開發與成長，最終就像一場沒有任何收獲的田獵，徒勞無功。

　　再提一點很有意思的，《雜卦傳》解析這兩個卦：「咸，速也。」「恆，久也。」就是說感動、感情的決定或感知的作用是很迅速的，相對的，真正的思考其實重點不在結果，而在縝密、漫長的思想與研究過程。

　　第四道的葛吉夫提出了一個四個中心理論（加上性中心），跟《雜卦傳》所說的見解很接近。簡單的說，這個理論描繪出人類擁有四個主要的生命機制，或者說人有四個腦——本能腦、運動腦、情感腦與理智腦。這四個機制的作用與運作速度是不一樣的，下面列出的就是五個中心的運作速度：

*性中心點燃與運作速度最快。隨便說，5秒鐘可以完成一次性衝動。

*情感中心的點燃與運作速度第二快。隨便說，我們可以在30秒內對一個人一見鍾情或討厭一個人。

*本能中心也很快。不會超過15分鐘，我們就會清楚感到飢餓或疲倦。

*運動中心要比本能中心慢。從學習來講，學會一項後天的運動能力（本能中心是先天不用學習的）有時需要花頗長的時間，譬如敲鍵盤；從點燃與運作來說，運動員運動熱身開至少也要花20分鐘的時間吧。

*最慢的當然是理智中心了。一個人，寫一篇論文、想一個問題、做一項研究，幾小時？幾天？幾週？甚至幾年？都有可能。那一個國家或一個時代就更久了，一個思想或文化運動的歷程完成花上數十年甚至數百年的歲月，都是不奇怪的。

心靈是很快的，頭腦往往跟不上心的速度與敏銳。

遯與大壯──退與進

> 退，退得好是靈巧機智，退不好是懦弱孬孬。
>
> 進，進得好是剛強果決，進不好是魯莽衝動。
>
> 能進的退是權宜之計，知退的進是謀定後動。
>
> 所以退可以是智慧，進可以是氣勢。

　　第33卦遯卦的主題是「退隱的態勢」，第34卦大壯卦的主題是「壯大的力量」。遯卦退隱，特點是保守；大壯卦壯大，自然會進取。所以大壯與遯等於是64卦中談「進與退」的兩個卦。

　　人生的進退是門大學問啊！退，退得好是靈巧機智，退不好是懦弱孬孬；進，進得好是剛強果決，進不好是魯莽衝動。能進的退是權宜之計，知退的進是謀定後動。所以退可以是智慧，進可以是氣勢。事實上，進退是一體動態的，歷史上許多厲害的兵法家就能將這種進退的學問玩得出神入化。

　　但《易經》處理這兩個卦很好玩，講退的遯卦比較多正面的論述，講到進的大壯卦卻著重說明力量太大所造成的危機。正面講「退」，反面講「進」，或者從這裡可以看出傳統文化微妙的偏重與主題。事實上，如果運用得老辣，退可以是一種很厲害的步數與力量，打球、打拳、商場、戰場，莫不如此。退常常是為了更有效的打倒敵人。

　　筆者個人對遯卦印象最深刻的是後面三爻──好遯、嘉遯、肥遯。

　　*九四：好遯，君子吉，小人否。

好好的退讓，對君子是吉，對小人卻不。

因為退可以是為了道義，也可能是擔當不夠。

前者叫風度，後者叫軟弱。

所以「好遯」講的是一種人格意義上的退。

*九五：嘉遯，貞吉。

嘉美的退讓，是為了大局著想。

譬如明末清初的大學者王船山反清失敗，退到深山鑽研學問，成就了一代儒宗，而滿清也沒有為難他，兩造共同立下了一個文化與歷史的典範。

又像國父將大總統位置讓給袁世凱，也是因為當時革命軍實力不足，一種為了大局的退。

所以「嘉遯」講的是一種歷史文化意義上的退。

*上九：肥遯，无不利。

肥就是音訓的飛。

肥遯就是飛遯。肥遯就是心靈上的逍遙遊。

肥遯就是心性上的無為、放下、不執著、不計較、不眷戀幻象的海闊天空與自由翱翔。

所以「肥遯」講的是一種修行意義上的退。

遯卦的「退」很精采吧。人格高度的退成就了風度，歷史文化高度的退顧全了大局，修行高度的退則打開了心靈的空性與覺知。

至於大壯卦，筆者最記得的，就是九三爻那隻尷尬的公羊。

*九三：羝羊觸藩，羸其角。

就是講力量的過用、濫用。

　　羝羊就是公羊，觸指撞的意思，藩是藩籬、籬笆，羸指纏住。那隻年輕的公羊太壯了，又年輕氣盛，兩隻強壯的角剛剛長好，角癢癢的，一天到晚就想磨角，東撞撞，西碰碰的，到處挑釁。最後這隻神經病的年輕公羊撞得沒東西撞，竟然一頭撞進籬笆，兩隻角被籬笆的空隙卡住，籬笆又釘得結實，讓這隻沒心眼的公羊向前又推不倒籬笆，想往後角又被纏住，陷進進退不得的尷尬。所以大壯的九三正是給「力量」一個警告，提醒迷信力量會造成的困窘。

　　歷史上「羝羊觸藩，羸其角」的例子不勝枚舉，古代像蒙古帝國橫掃歐亞，四處建立強權，但不足百年，風雲流散。今日像美國老大哥扮演世界警察，其實正是己是人非的霸道價值觀的最佳樣版，表面上是超級強權，實則是自陷進不得不在全球各地窮兵逐武的狼狽。

　　歷史的智慧告訴我們：迷信力量、濫用力量的，是不會有好下場的。

晉與明夷 ── 盛世與衰世

> 進取最好不要使用武力，有時候好人的正義感過強也是很麻煩的，進取進過頭了會變成盲目，這個時候不如將晉的力量反過來解決自我的內在問題，這是更深刻的晉。
>
> 明夷卦是一個講跑路、受傷、避禍、裝瘋、低調的智慧的卦，但在低調的姿態後面卻始終準備著一顆不放棄正確道路與力量的心。

第35卦晉卦與第36卦明夷卦是談「盛世」與「衰世」的兩個卦。在盛世，好人出頭，所以晉卦是明朗的景象；在衰世，好人跑路，所以明夷卦是晦暗的景象。這是這兩卦的主要內涵。

先看晉卦。晉卦的卦象是「日出地上」，就是旭日、日出的意象，代表王者出世或好人出頭的光景。另外，古文「晉」字其實是畫兩支箭射向同一個箭靶，下面的其實不是「日」，是箭靶的形狀⊙，意思就是晉的時代是一個有目標、進取的時代。而整個卦的內容主要就是講王者、賢士的各種「進取」。下面舉一些例子。

譬如說進取遇到挫折，要堅持著正確的道路，不必自我懷疑。

又像說好人進取的過程難免會遇到低落的情緒，怎麼辦？涼拌，還是要堅持正確啊！

進取要果斷，當強則強，不要猶豫，不能有私欲，事實上進取的決斷力可以應用在很多方面，譬如事業、修行、創作、學習、考試等等。人生有些時候，就是要夠狠，尤其對自己。

但進取最好不要使用武力呀！有時候好人的正義感過強也是很麻煩的，進取進過頭了會變成盲目，這個時候不如將晉的力量反過來解決自我的內在問題，這是更深刻的晉。

有一天，搞不好好人出頭的盛世出現了，晉卦談的種種進取的智慧，就派得上用場了。

好！再來看好人跑路的明夷卦。明夷卦的內容充滿末世的景象，《序卦傳》說：「夷者，傷也。」《雜卦傳》說：「明夷，誅也。」又是受傷，又是好人被誅，真不是好玩的一卦。事實上「夷」就是傷的意思，明夷就是光明的力量受傷。卦象是「明入地中」，就是落日或明滅的意象。

卦辭告訴我們在明夷的世代，要準備兩個寶貝：**憂患意識＋堅守正確方向**。

看看初爻：「明夷于飛，垂其翼；君子于行，三日不食。」大鵬鳥在天空飛呀飛，竟然被箭射中，翅膀受了傷，又像一個君子覺察到時機不妙，立馬走，官也不做了，三天都來不及吃飯，晚了生怕跑不掉。這是一個避禍的景象，很狼狽！也走得很果決。

二爻說：「明夷夷于左股，用拯，馬壯。」環境艱險到左大腿中箭了，當然走，行動上是避禍，但心態上可不是認輸，不會因為一些些小傷就軟弱，心志上還是進取的（用拯），遠退是為了存儲更強大的生命力（馬壯）。這一爻是講一個硬漢子在明夷的時代的心情寫真。

五爻提到「箕子之明夷。」箕子的名望、地位、才幹都足以威脅到紂王，他只好裝瘋避難啊！裝瘋、裝壞胚子，歷史上許多厲害的腳色都用過這一招，嘿！中國歷史也真不缺明夷的時代！

　　最後一爻提出嚴重的警告：「不明晦，初登于天，後入于地。」
亂世來了！還不懂得養晦避難，剛開始或許跩到天上去，最後重重的
摔下來死翹翹的。這個叫白目招禍。

　　看來明夷卦是一個講跑路、受傷、避禍、裝瘋、低調的智慧的
卦，但在低調的姿態後面卻始終準備著一顆不放棄正確道路與力量
的心。

家人與睽 ── 和諧與背離

父親像個父親的樣子，兒子像個兒子的樣子，哥哥像個哥哥的樣子，弟弟像個弟弟的樣子，丈夫像個丈夫的樣子，妻子像個妻子的樣子。讓自己的生命狀態到位，扛好自己人生的承擔，這就是最重要的家道。

睽卦幾乎都在表達「艱難中的正能量」，《易經》告訴我們：在背離的時代，事實上處處開展著剛健的生機與出路！

第37卦家人卦與第38卦睽卦的主題是「和諧」與「背離」。

事實上家人卦是談「家道」或持家之道的一個卦，而家道最重視和諧，不是說家不是講理的地方嗎？而和諧的相反就是背離或分裂吧，那就是睽卦。家人卦談得很細，最後將家道推至天下。睽卦的內容則充滿不容易與疑神疑鬼。

先看家人卦。家人卦的卦辭一開始就說「家人，利女貞。」──持家之道，主題是女主人的正啊！當然不是指女主人外貌的正點，而是指女主人內在性情的中正平和。主婦是一個家的靈魂呀！一個家，好的父親固然重要，但好的媽媽與妻子更是重中之重。「利女貞」是很實在的家道智慧。

另外，關於家人卦，《象傳》也有一段大實話：「父父子子兄兄弟弟夫夫婦婦，而家道正。」──父親像個父親的樣子，兒子像個兒子的樣子，哥哥像個哥哥的樣子，弟弟像個弟弟的樣子，丈夫像個丈夫的樣子，妻子像個妻子的樣子。讓自己的生命狀態到位，扛好自己

人生的承擔，這就是最重要的家道。這段話沒啥理論，很平實，但很真實，反觀現在許許多多的倫理悲劇與社會新聞，就知道這段話的實在與重要了。

家人卦的初爻說「一個家要防備小事情，才不會後悔」——門戶、煤氣、水、電要關緊，要注意一個家庭好習慣的養成，以及壞習慣的杜絕等等。別說一部經書怎麼談得那麼瑣碎，對持家來說，小事情自有大道理。

二爻講「主婦沒有自己的成就，但能持中理家就是大事」——二爻是強調媽媽的貢獻。

三爻說「一個家過於散漫比過於嚴厲還糟糕」——家裡規矩嚴整，只要能夠後悔太過嚴厲，還是可以吉的；但家人之間只知終日嬉鬧，沒有要求與成長，就將束手無策，難以收拾。

四爻講的「富家大吉」是指一個家庭「精神與物質的均富」——富家才會出大才，富，包含了精神與物質兩個層面，所以為一個家準備許多的「好地雷」是很重要的，譬如：隨手可讀的很多好書、討論問題與文化的風氣、親子兩代的互信與自由、良好的家風、穩定的父母收入、有愛心的食物等等。精神與物質的均富才是真富，而一個富有的家正是國家人才的搖籃。

五爻的「王假有家」正是「把正家的經驗推到天下」——王者治理天下有家的味道，自然就不必擔心政治的可怕與殘暴。這一爻的意思不是家天下，而是讓國家社會的氛圍像一家人，就真的是有情人間了。

上爻則回過頭來強調「身教的重要」——對一個家來說，父母親有紮實成長經驗的身教，當然會起重要的帶頭作用。《象傳》說得

好：「反身之謂也。」就是努力工作、用心生活、反身修德、自我要求，這種勤奮實在的人生態度，就是對孩子最好的身教。孟子也說：「身不行，道不行於妻子。」自己光說不練，連老婆都不聽你講大道理。所以說沒有用，回到自己，實實在在地做，才是最重要的。

所以家人卦的內容顧及到媽媽的貢獻與身教的重要、小細節與大原則、家道與治國、一個家的精神面與物質面等等，可見理好一個家不容易啊！人生沒有容易打的仗，愛情固然是冒險，一個家的經營與成長何嘗不是一個生命大工程。

家人卦講家內的「和諧」，睽卦則談人生的「背離」。

睽卦卦辭就說得很清楚：「睽，小事吉。」在人生背離不合的狀態中，只有做小事是好的。意思是態度要保守、低調、沉著、不要有太大的動作。

但註解卦辭的《彖傳》口氣一變，卻說出更深刻的理解：「天地睽而其事同也，男女睽而其志通也，萬物睽而其事類也。睽之時用大矣哉！」天地分離，物種多元，但同樣參與整體生態的運作啊！男與女生命型態的差異也像天地懸隔，卻可以心志相通，共同經營感情與家道的成長啊！《彖傳》告訴我們：人生最大的感覺就是違背與孤獨，但成長者卻懂得利用、正視不同之同乃至異中求同，事實上異中之同是天地的大道。「異」是暫時性的，要學習用動態觀看整體人生。也就是說，相異可以趨向相合，為了相合所以相異。「睽之時用大矣哉！」在適當時機懂得用睽（違背）的力量，這是大智慧與大動作！寫到這裡，突然想起《笑傲江湖》電影裡的獨孤九劍——正是從敗招中悟出的絕學，就有一點睽卦的味道了。接著《彖傳》說「君子以同而異」，就是說一個成長者知道同異是動態的，必須懂得尊重人

生的多元與分合，所以──志同路異、心同學異、有共性有個性、共性互通個性互動、人生是有一元有多元的、隨和但不隨俗。東漢學者荀爽說：「大歸雖同，小事當異。」生命的大原則、大根源、大方向是相同的，但人生的細節、意見、門戶、個性等等卻應該是不一樣的，說得真好！因為同，生命的整合才有希望；因為異，人生才見豐富精采！原來不同、違背、分裂，是有著更深層的道理的。

到了爻辭，睽卦的爻辭幾乎都是在表達「艱難中的正能量」。譬如初爻說「喪馬，勿逐自復。」一時失去陽剛的生命力，不用去追逐，它需要時間沉澱，然後會自行回來的。二爻與四爻則說在睽世遇見賢者的經驗：「遇主於巷。」「睽孤，遇元夫。」在不好的世代，在小巷道遇見真正有主見的人物，大人物屈居小地方，卻偶然碰到了！四爻則說在睽離孤獨的時候遇見大丈夫！是啊！禮失求諸野，時代愈是不好，民間愈是臥虎藏龍。三爻則點出「无初有終」的重要提醒：違背的時代，會有一個悲辛的開始，但考驗的人生就是成長的人生，成熟的歷練可以還給我們一個圓滿的終局。到了最後一爻，居然發生「見豕負塗，載鬼一車」的疑神疑鬼！看到野豬在大街上亂竄，又看到一車鬼！這是什麼世道啊！當真是「人何寥落鬼何多」。但整個睽卦最後卻是以「往遇雨則吉」結束，時代不好，鼓起勇氣奔赴人生的下雨的日子就對了。我們不能決定時代與環境的好，但我們的心與行動，可以決定人生與當下的好。

睽卦六爻，際遇都不好，但初九、九二與九四的評語都是「无咎」（沒問題），六三是「无初有終」，六五是「往何咎」（上就沒問題了），上九是「往遇雨則吉」。這是《易經》告訴我們：在背離的時代，事實上處處開展著剛健的生機與出路！

蹇與解——難行與解難

　　蹇卦講整個時代很堵，人生的路很難走，而這一卦告訴我們最主要的智慧是「回來」。

　　從當代的角度思考，三狐不一定指個人，而更指危害全球的幾個關鍵問題：生態災難，資本主義，心靈扭曲。嘿！現代意義的「三狐」吧。

　　第39卦蹇卦的主題是「難行」，第40卦解卦的主題是「解難」。這兩個卦比較講大時代的問題。

　　「蹇」是難行的意思，卦象是「前山後水」——前有高山，後有險水，路當然是不好走囉。蹇卦講整個時代很堵，人生的路很難走（很像今天嘛），而這一卦告訴我們最主要的方法就是「回來」。

　　所謂「往蹇來反」——在這樣的時代，繼續前往，路會難走，回來吧，返回自己的心靈，心靈還是解決人生困難最根源的力量。

　　所謂「往蹇來連」——在這樣的時代，繼續前往，路會難走，回來吧，退而結眾，會有志同道合的人來結合、連線。

　　又所謂「大蹇朋來」——大困難的時代，群眾運動出現了！朋就是一群。

　　最後一爻「往蹇來碩」——在這樣的時代，繼續前往，路會難走，回來吧，回來幹什麼？回來養德啊！時代的苦難激發出碩大的品格者出現。群眾的力量是外在的，心靈的力量是內在的，德則是整合外在世界與內在世界的中道力量。

蹇卦主要的功夫是「回來」，停一停，不要隨著整個時代往前衝，有時候一味的熱血不見得是勇敢，懂得「回」與「停」的修養並不容易，一停下來就會出現許多活路，有覺知的等待不是逃避，是「熬」的成長功夫。

蹇卦講「難行」，解卦就是「解難」囉。解卦的卦象是「雷雨大作」——解決困難的感覺像雷雨交加。卦性是「險以動」——遇到危險困難要動手去解決。

解卦有兩個卦象很關鍵：「田獲三狐」與「公用射隼于高墉之上」。「田獲三狐」是說田獵獵獲三隻狐狸，狐性刁惡，比喻時代世局中的幾個權奸。至於第二個卦象，公是大公，隼是猛禽，高墉指宮牆，意思是權力中樞，「公用射隼于高墉之上」的意思就是說有實力的大公除掉首惡，整個時代的困難才會得到解決。

從古代的角度，解卦認為解決時代的困難最主要是剷除首惡、權奸，將幾個壞傢伙拉下馬，整個政局才會得到澄清。但從當代的角度思考，三狐，隼，就不一定指個人了，而更指危害全球的幾個關鍵問題：生態災難，資本主義，心靈扭曲。嘿！剛好也是三個，現代意義的「三狐」吧。

損與益──減法與加法

> 生命有時候需要用減法，有時候需要用加法；道家著重談減法，儒家傾向談加法；減法老莊稱為「無為」，加法儒家稱為「有為」。
>
> 無為的對象主要是負面的內在情緒，有為的對象主要是正面的各項能力。

第41卦損卦與第42卦益卦是《易經》談「減與加」的兩個卦。這兩卦的主題是減損與增益──生命中的減法與加法。

生命有時候需要用減法，有時候需要用加法；道家著重談減法，儒家傾向談加法；減法老莊稱為「無為」，加法儒家稱為「有為」。

無為的對象主要是負面的內在情緒，像悲傷、痛苦、恐懼、焦慮、憤怒、自我膨漲、自我封閉等等，每個人的內在障礙都不同，因此所使用的治療法門也有所差異，通過不同的功法清除、鍵出、取消、Delete、無掉內在障礙與負面情緒，這個功夫與過程就稱為「無為」──生命成長的減法。

有為的對象主要是正面的各項能力，像知識能力、行動能力、心靈能力、經濟能力、人際能力、思考能力等等，但生命內部如果充塞著內在障礙與負面情緒，各種生命潛能也就沒有生長與發展的空間，所以一般來說，先減後加，先無後有，先道後儒，先老莊而後孔孟，這是生命成長的基本理序，而各種能力養成的過程就稱為「有為」──生命成長的加法。

　　伊斯蘭教的蘇菲宗說人固然需要增添，也同時需要剝除，增添正向的能量讓我們可以看到更遼闊的天空，但有些教誨卻需要通過剝除那些讓人耳聾目盲的東西來完成。

　　損卦講生命成長的減法，卦象是「山下有澤」——澤是海洋，山下有澤就是岸邊斷涯的景象，指大海會不斷侵蝕岩石，也是減損的意象。卦性則是「悅而止」——高興、喜悅要懂得喊停，才能返歸心靈的清淨。

　　其實談損之道談的很強的是老子，老子說：「為學日益，為道日損。」老子說知識性的學習（為學）要每天增加，用的是加法；真理性的學習（為道）要每天減少，用的是減法。至於增加與減少的對象是啥，上文已經說過了。

　　另外，老子又提到人間的三種「加減」，提得深刻而露骨：

　　☯第一種加減是大自然的加減——天之道損有餘而補不足。

　　大自然之道總是對「多」的減損，對「少」的增益，這是大自然的態度。譬如吃太多要拉，太透支要生病休息；餓了要補充食物，乾旱久了自然會下雨等等。

　　☯第二種加減是人為的加減——人之道則不然，損不足以奉有餘。

　　貧者愈貧，富者愈富；小老百姓基本工資兩萬二，有錢人住豪宅開名車買名牌；政府掏窮人的錢放進富人的口袋，金錢玩家玩五鬼搬運A散戶的錢等等。這都是損不足以奉有餘呀！人為的金錢遊戲，幾千年前的老子早就知道了。

　　☯第三種加減是有道者的加減——有道者以有餘奉天下。

　　只有有道者自己的能力有餘了（加夠了），進一步奉獻給匱乏的人。所以第一種加減是自然之道，第二種加減是慾望之道，第三種加

減是成熟之道。

好吧！回到《易經》，損卦中提到兩種損很有意思：生命主體的損與生命疾病的損，前者負面，後者正面。六三爻說：「三人行，則損一人；一人行，則得其友。」這話說得很玄，什麼意思呢？三則成群，三就是多數的意思，那麼三人行就是跟隨多數、從俗、跟隨潮流的意思。盲目的追隨潮流，那生命珍貴的主體性與自我覺醒就不見了，這是損一人的意思。相反的，如果能夠勇敢的面對自己的獨特性與主體性，勇於一人獨行，不為了擁抱而擁抱，能夠面對孤獨，才有壯大的成長啊！那麼總有一天，會有真正同道夥伴的出現，這就得其友了。

生命主體的損當然是負面的含意，而另一種損就是正面的損了。六四爻說：「損其疾」，減損自己的缺點，減損生命內在的疾病，當然這個損是好的損了。

至於益卦，像上文說的，是指各種能力的增益，卦象是「風行雷厲」或「風雷相益」──生命的成長是驚動天地的大動作啊！益卦的內容比較正面，各爻內容大概講益財、益民、益德、甚至益道──理財能力的增益、領導能力的增益、德性能力的增益、心靈能力的增益。

最後還有一點，從64卦更宏觀的角度觀看，「咸恆損益」四卦互為綜錯──感性、理性、減法、加法四者是錯綜複雜的。感動是很好的開始，但不能一直感動與喜悅，必須懂得停損的道理，才是正感；有了恆久的理想，接著不是混日子、殺時間，要有真正的成長，才是較踏實的理想。

減法讓生命歸零，加法讓人生茁壯。有減法的加法，保證生命成

長的健康；有加法的減法，避免心靈陷入虛無。

　　記住啊！一直做加法的人生會很累，而只會做減法的生命是有點病態的。

夬與姤──決裂與懷柔

　　一個君子決定去除惡勢力（君子夬夬），要有獨行險路的勇氣（獨行），而且一定會遇到風雨挫折（遇雨），既然決定下水，就不要怕被弄濕。

　　姤卦告訴我們對剛冒出來的小人、負面勢力、壞習性，不能用取悅、討好、放縱，但也不能用否定、打壓、對抗與攻擊。一個成熟的君子面對「陰」的力量懂得更善巧、靈活的去與它周旋、對話、承擔甚至誘導。

　　夬卦是《易經》的第43卦，夬卦的主題是談「決裂」的智慧。

　　夬卦根本就是一篇談革命、造反、與惡勢力對決的心得紀錄。筆者曾經寫過一篇透過夬卦的觀點剖析太陽花學運的長文，對於夬卦的內涵，已經多有發揮；因此在這篇文章裡，只討論其中兩點決裂、造反的洞見。

　　《序卦傳》說：「夬者，決也。」《雜卦傳》說：「夬，決也。剛決柔也。君子道長，小人道消也。」所以「夬」就是洪水決堤的力量，這個卦講的就是正義力量與闇黑力量對決的一個卦，而卦體就是五個陽爻對決一個陰爻。夬卦卦辭揭示革命、造反的第一個大招數是**「揚於王廷」**。這是什麼意思呢？**「揚於王廷」**的高明就是在公開場域、權力中心（王庭）揭發惡勢力，利用群眾的力量壓制，讓當權者不敢耍陰或亂來，因為當權者為免落下秋後算帳的污名，反而要保護公開批評他的人。所以私下談、發E-Mail、講電話等等都不是好方

法，公事公決，輿論常常是最好的保護。套句武俠小說的行話：最危險的地方往往就是最安全的地方。「**揚於王廷**」這個大招數更適用於今天的民主社會，大氣、正大、坦蕩的指出制度或施政的不正當或不合理，愈開誠布公的態度，愈有效與安全。

卦辭講革命的基本態度與智慧，九三爻則描寫一個革命行者應該擁有的氣質與修養。九三爻說一個真正的革命者的氣質是孤獨的——「**獨行遇雨**」。一個君子決定去除惡勢力（君子夬夬），要有獨行險路的勇氣（獨行），而且一定會遇到風雨挫折（遇雨），既然決定下水，就不要怕被弄濕。《易經》勉勵革命領袖們要有千山我獨行、心事誰人知的心理準備，開始發動，不要商量，做就對了，要有不要吭氣的擔當，革命道上的風風雨雨，都是小意思。**革命的道路，必然是孤獨的；革命者的氣質，必然是沉著、勇敢而直接的。**

夬卦的下一卦是第44卦姤卦，夬卦的主題談「決裂」，姤卦的主題是「懷柔」。夬卦是剛決柔，姤卦是陽包陰。夬卦講如何對付沉積已久的惡勢力，姤卦談怎樣包容剛剛冒出的危險性。

所以整個姤卦就是討論如何面對「小人」的問題。夬卦是一個治「惡人」的卦，姤卦卻是一個與「小人」周旋的卦。

事實上，陽包陰的「陰」不一定指具體的小人，也可能指隱伏的危機，或者是指性格中軟弱、懶散、貪婪、放縱、自私等等的負面能量。那面對這些「陰」，要怎麼辦呢？卦辭說：「姤，女壯。勿用取女。」姤就是邂姤、外遇，與「陰」的力量打交道就是邂姤、外遇。女壯就是陰的力量的漸漸壯大。那怎麼著呢？卦辭說要「勿用取女」，不要取悅、討好、縱容陰的力量呀！別讓陰的能量與勢力坐大與滋長，否則這將會是錯恨難返的一時軟弱。

　　那拿「陰」怎麼辦呢？否定、打壓、對抗？也不行！《易經》告訴我們這也不是一個「正」的態度。所以上爻說：「姤其角，吝！无咎。」意思是說用角去頂撞、攻擊陰（姤其角），悔恨貧乏呀（吝）！但這麼莽撞是自找的，當然就沒問題囉（无咎）。態度過於陽剛，手段過於激烈，陰陽碰撞，正邪對決，不只不能將剛長出來的陰的力量導正，反而容易引發更大的災難。

　　姤卦告訴我們對剛冒出來的小人、負面勢力、壞習性，不能用取悅、討好、放縱，但也不能用否定、打壓、對抗與攻擊。一個成熟的君子面對「陰」的力量懂得更善巧、靈活的去與它周旋、對話、承擔甚至誘導。總之，面對「陰」，孤高與討厭都不是好態度，真正成熟的胸懷必然能夠擁抱負面，與陰影共舞。

　　整體來說，這是討論如何面對黑暗力量的兩個卦，夬卦說面對老大的黑暗力量要「拔掉」，姤卦則提醒面對還幼嫩的黑暗力量要懂得「包容」。前者比較屬於社會改革、革命、法律的領域，後者則傾向教育與生命成長的範圍。

萃與升 —— 力量的聚集與品質的提升

> 一個國家力量聚集了之後，如果就此止步，那社會上可能處處
> 充斥著赤裸裸的權力、暴力、財力、傲慢與粗魯，低層次的力
> 量是非常有可能製造災難與混亂的。所以力量匯聚之後必然進
> 一步講求各種品質的提升、純淨與精緻，這是每一個文明國家
> 的必經歷程。

　　第45卦萃卦談「力量的聚集」，第46卦升卦談「品質的提升」；力量的聚集講的是「量」的問題，品質的提升談的是「質」的問題。先量後質，這兩個卦傾向討論大時代、大格局的問題。

　　一個國家力量聚集了之後，如果就此止步，那社會上可能處處展示著赤裸裸的權力、暴力、財力、傲慢與粗魯，低層次的力量是非常有可能製造災難與混亂的。所以力量匯聚之後必然進一步講求各種品質的提升——內在品質、行為品質、政治品質、商品品質、生活品質、環境品質的純淨與精緻，這是每一個文明國家的必經歷程。這也就是萃升兩個卦的因果關係，頗有一點孔子所說「富而好禮」的含意。

　　萃卦講金錢、資源、人才、武力、整體國力的聚集，這是一個強國的出現，但不見得就是大國；「強」只是形容力量，「大」才是指文化。當前世界二強，老美與老共，筆者認為都只是強國，不是大國；在歷史上，中國曾經是大國，美國立國之初也是充滿人道理想的大國，所以綜觀歷史的軸線發展，老美老共從大國變成強國，這並不

是提升，反而是一種退步。從這個理路來看，萃卦很好玩，整個卦一再出現「乃亂乃萃」（有時候很亂有時候很有力量）、「若號」（整個社會好像在哭）、「萃如嗟如」（一方面很有力量一方面在嘆氣）、「小吝」（感到內在有點匱乏）、「齎咨涕洟」（嗟嘆、流眼淚、流鼻涕流不完）等等的負面描述；而且萃卦六爻都有「无咎」的評語，无咎是64卦經常出現的評語，咎是災禍（比較是屬於人禍），用白話說，无咎就是沒有災禍、沒問題了了、No Problem、OK、沒事、可以的等等的意思，也就是說，「无咎」是一個中性的評語，不壞，也不見得多好。那麼大的力量聚集，也只是沒問題而已，可見《易經》並不認為力量或財力是最後的答案。所以進一步要談升卦。

即像上文所說的，升卦要求各種品質的提升，但要注意的是，品質提升是要花錢的，所以一個文明的社會不能老是想著要賺錢，或許可以這樣說，萃卦是一個談賺錢的卦，升卦是一個談花錢的卦。不過，花錢如果花對地方，花得有智慧，會是另一種力量的醞釀。《雜卦》評論升卦就說得很清楚：「升，不來也。」這裡的來，指金錢或物質的回報，是的！內在、品德、品質的提升是無關乎物質的回報或成本的回收的。一個真正美好的社會不能什麼都想著錢，不然就真的窮得只剩下錢囉。所以整個升卦一再出現「允升」（用誠信提升一個社會的品質）、「升虛邑」（升的力量可以復興一個文明的廢墟啊）、「升階」（讓整個國家的素質升級）、「不息之貞」（不停止的走對正確的方向才是一個國家永續提升之道）等等的正面論述，可見內在、品德、品質的提升才是真正的答案。對《易經》來說，升卦才是結論，萃卦只是前置作業。

　　所以這兩個卦是講量與質、外在與內在、力量與品德的兩個卦。或許萃升二卦就是在描述一個文明大國的養成過程。是啊！擁有力量的人反而容易製造問題，只有有德者才會幫助自己與他人解決問題。外在依附了內在，外在才不會演變成野蠻的外在。

　　是啊！美善的靈魂是所有力量最後的指向與歸屬。

困與井 —— 困難與心靈

> 困卦談論人生的種種困難，而井卦是《易經》的心性論或本體論，談心靈的一卦。井卦告訴我們解決人生困難最究竟的法門就在心靈啊！因為所謂困難，從最深入的地方思考，其實都是我們自己造成的。說穿了，困難是「心」的問題。真正困難的根源是內在的，不是外在的。

第47卦的困卦與第48卦的井卦是很精彩，卻理路分明的兩個卦。

困卦當然就是談論人生的種種困難囉，而井卦是《易經》的心性論或本體論，談心靈的一卦。井卦告訴我們解決人生困難最究竟的法門就在心靈啊！因為所謂困難，從最深入的地方思考，其實都是我們自己造成的，我們是自己人生這齣戲的導演與主角，我們可以決定自己的這齣戲究竟是喜劇？悲劇？好戲？還是拖棚的歹戲？相由心生，外境，也是由心生的，所以解鈴還須繫鈴人嘛，心是破除幻象的最佳神兵，心靈是解決人生困難最便捷的法門。

先說困卦。困卦六爻就談六種人生的困難，第一種困難講得最傳神：「臀困」。屁股的困難？指的是什麼意思？

很顯然，臀就是屁股，我們先用刪除法，屁股的困難跟便祕、痔瘡、拉肚子等生理的痛苦都沒關；那麼，人的屁股還有啥作用呢？當然是「坐著」，屁股是用來坐的，而人一旦久坐了就會胡思亂想，愈坐愈煩惱，這時候如果能夠毅然站起來，就會開始行動了。是不是開始對「臀困」的含意有所領悟呢？是的，人在想事情時常常是坐著

的，著名的沉思者雕像也是如此，沉思者是坐著沉思的。那麼，「臀困」，屁股的困難的真意，其實就是指「想像的困難」——困難往往是想像出來的。人生所有困難的第一種困難就是坐在那裡想像事情怎樣困難的困難。愈坐愈想愈困難，就愈缺乏解決問題的行動與勇氣。諺語不是說「坐而言不如起而行」嗎？這裡應該改為「坐而思不如起而行」。「臀困」的深意就是說真正面對困難的人還是站著，真正解決困難的人會開始行動，只懂屁股坐在那裡的人才是真正的困，所以說「坐困」愁城嘛！很傳神罷，《易經》講到生活的痛點了，我們常有的經驗是：等待事情發生前的一段是最困難的一段，困難與恐懼往往是想像出來的，而等到事情開始，真正去面對了，就會感到困難的程度至少減半了。

說穿了，困難是「心」的問題。真正困難的根源是內在的，不是外在的。

困卦講的其他五種困難包含耽於物慾享樂的困難，失去自由的痛苦與困難，面對權力誘惑的困難，面對權力脅迫的困難與面對人情壓力的困難。

至於井卦的主題是「心靈」或「心性」。井卦就是《易經》的心靈哲學。

「井」這個卦象就是指生命的泉源、生命的源頭活水、自性的涵義。整個井卦充滿對心性問題的深邃見地。佛門將心性形容為「心鏡」，這是常見的用法，而使用「心井」的，大概只有《易經》井卦罷；而「鏡」與「井」這兩個不同的象徵，剛好呈現出佛家文化與中國文化不同的向度與關懷：

＊心鏡——佛門的比喻／主要功能在反照／「**清淨心**」的象徵。

＊心井──易經的卦象／主要功能在飲用／「**慈悲心**」的象徵。

這正是佛、儒二門的不同家風啊！佛家重在清淨心性的鍛鍊，儒門則要解決人間乾涸的悲辛：一者清淨，一者慈悲；前者是心性法，後者是人間道。就像井卦的九五爻說：「井冽寒泉食。」冽，甘潔也。寒泉，就是美好的泉水。所以九五爻的含意指井水甘潔，可以有美泉食用；比喻一種高純度、高解晰的心靈狀態；所謂無染的心，清深如井。所以這一爻也有「**清淨心**」的涵義。但真正的關鍵字是「食」這個字啊！一個成熟者心靈的井水，是提供給有緣人食用的──一個成長者成熟的人格、學問、經驗、智慧，正是許許多多有緣人的源頭活水！

也許，當你遇見一個成熟者或有德者，他脈脈含情的看著你，你從他的眼神讀到一個深切的邀請：「來吧！歇一下腳步，來這裡掬飲一口心靈的甘泉吧！」

革與鼎 —— 革命與建國

> 真正的革命是生命內在的變化。要革別人的命之前，先得
> 革自己的命啊！
>
> 鼎是建國神器，所謂問鼎天下，鼎以大、厚、重為佳，才
> 是立國的大氣象。

真正的革命是生命內在的變化。

第49卦革卦就是談「革命」。

革卦的主題是談「革命」或「蛻變」。從社會的角度來說是「革命」，從個人的成長而言則是「蛻變」。這兩者中間就隱藏著深意了。原來革卦談革命，革命是一種社會或國家改革工程，但社會或國家改革工程必須築基在個人內在品質成功的蛻變之上，當然，這個「個人」的「量」也必須夠多，多到從「個人」變成「人民」或「百姓」，那社會的革命就有望成功了。也就是說，成功的群體革命有賴成熟的個體品德，外王之前得先做好內聖的心靈改革工作，他愛之前先學會自愛。如果從一個改革者的角度出發，要革別人的命之前，先得革自己的命；要改變他人之前，先得改變自己；一個成熟者的革命才是真正的社會改革，一個不成熟者的革命往往只會塗炭生靈——歷史上的例子不勝枚舉啊！

革卦的九五爻說：「大人虎變，未占有孚。」意思說一個大成熟者蛻變得像百獸之王一般威皇恢弘，動靜合度，不需要依靠占卜，人格的感人力量已然昭信天下！所以革卦到了九五爻，那個革命家已經

變成大德者了！

那第50卦的鼎卦就順理成章的談「建國」囉。鼎是建國神器，所謂問鼎天下，鼎以大、厚、重為佳，才是立國的大氣象。鼎腹要大，才能煮一鼎好菜養育百姓；鼎足要穩重，新國才站得住；鼎耳要牢靠，才能挑起來承擔重量。

從更大的結構觀看，「屯蒙革鼎」四卦互為綜錯──屯談出生，蒙講教育，革是革命，鼎指建國。屯講一個人或小我生命的出生，鼎講一個國家或大我生命的出生；蒙是一個人的教育或改變，革是一個國家、一個時代的教育或改變。所以這四卦的中心主軸是：一個人的成長與成熟，是轉變整個時代的根本與基礎。人治固然不可取，但國家或革命的領導人的是否成熟還是非常關鍵的。

不要小看一個人的力量！一個人改變一個時代的例子，在歷史上屢見不鮮。

震與艮——動與靜

　　震卦的動，比較接近是在講內在力量的爆發。一個成長者利用外在的恐懼來修正自己、反省自己。拿著批判的刀鋒指著自己，是最浩瀚的大動作。

　　艮卦的靜，也是講內在的沉思與安靜。真正的靜是屬於內心的，而不是指外在環境的沒有聲音。原來最深刻的停止就是無我，最深刻的回顧與沉思的成果就是取消自我的執著啊！

　　第51卦震卦與第52卦艮卦是64卦中談「動與靜」的兩個卦。震與艮屬於基本八卦的範圍，這兩個基本卦談的「動與靜」，有著更深層的意涵。在這篇文章裡，筆者將震艮二卦合在一起討論。先看兩卦的卦象與卦性。

　　震卦的卦象是「連雷」——雷一個接著一個打；卦性是「動中之動」——外在的動作中有更核心的震動。這是一個大動作的卦——天地、人文、心靈積壓已久的大動作。《雜卦傳》說：「震，起也。」奮起覺醒的時機成熟了。

　　艮卦的卦象是「兼山」——看到山勢連綿而止步；卦性是「止中之止」——停止中有更內在的覺知。這是一個談停止哲學的卦——專注與回顧有著更深刻的意義。靜、止、停其實是更大的動能，讓躁動的身、心停下來其實需要更大的力量與能量，而且大靜之後經常會出現大動。

　　接著看兩卦的卦辭。

　　震卦的動，比較接近是在講內在力量的爆發。卦辭的象很好玩，說一個主祭者在祭祀時，忽然天雷震動，震驚百里，但主祭者沉著鎮定，手上的取酒器（匕）與取酒器中的香酒（鬯）紋風不動，一點都沒有打翻──「震驚百里，不喪匕鬯。」大自然威力的驚天動地是大動作，而內心修養的寂天寞地也是大動作，用心靈的大動作面對天地的大動作，可見震卦講的「動」是一種有著更深刻意義的動。《象傳說》：「君子以恐懼修省。」一個成長者利用外在的恐懼來修正自己、反省自己。拿著批判的刀鋒指著自己，是最浩瀚的大動作。明末大儒王船山也說：「震於內，非震於外也。」

　　艮卦的靜，也是講內在的沉思與安靜。真正的靜是屬於內心的，而不是指外在環境的沒有聲音。艮卦的卦辭有點費解，充滿懸疑，卦辭說：「艮其背，不獲其身；行其庭，不見其人。」什麼意思呢？艮就是止、停、靜的意思，所以艮其背就是停下來回顧、沉思事件背後真正的原因。這是一種自省、靜思的生命態度。那自省、靜思到什麼程度呢？到「不獲其身」，不獲其身就是忘我、無我的精神境界呀！原來最深刻的停止就是無我，最深刻的回顧與沉思的成果就是取消自我的執著啊！卦辭的前半段「艮其背，不獲其身」指內在的寧靜與無我，後半段「行其庭，不見其人」就是講取得內在的寧靜之後的遠離人間是非──靜靜的走，不動聲色，經過中庭，不讓他人看見。真心要走，決心離去，就放得下一切了。所以內在的寧靜與不執著是外在的停止與放下的根源力量。心放得下，世界就放得下。

　　震卦的爻辭則講內在力量爆發的不同階段。

　　初爻說震動要從內在開始，要用歡喜的心情面對。內在爆發是一種大快樂的能量──「笑言啞啞」。

接著二爻說能不能完成內在的震動與蛻變是一個很嚴厲的考驗，蛻變的過程不要小氣錢（小至個人靈性的修煉，大至國家改革的變動都是需要用錢的），但也不要躁進與躁動。震動最怕就是太超過——「震來厲」。

三爻說如果能邁過二爻的嚴厲考驗，內在的震動會帶來真正的蘇醒，二度生命能量的覺起——「震蘇蘇」。

一般來說，易卦的第四爻都是指進入社會化、外在化的第一個階段，震卦的四爻說這股內在的爆發與震動，到了社會化的人生階段就停滯下來了，遇到人事的紛爭而停下來，停下來也好，生命震動的力量需要再一次的盤整與醞釀，停止往往是再震動的先兆與前夕——「震遂泥」。

五爻進一步指出社會階段對內在力量的考驗日益嚴峻了——「震往來厲」。

上爻則是描述震太超過了！震動的力量徹底外在化！震的力量不用在自己身上，反而變成攻擊他人的武器，這樣的震動就是走火入魔的震動了——「震不于其躬」。

再來說艮卦的爻辭。

初爻叫人停下腳指頭——「艮其趾」。年輕時候生命容易蠢蠢欲動，停下血氣的躁動吧，生命能量需要永續使用——「利永貞」。

二爻是停下小腿肚——「艮其腓」。小腿肚是不隨意肌，艮其腓意思是停止人性被動、盲從、隨波逐流的軟弱。生命的盲從不停止下來，內心深處是不會快樂的——「其心不快」。

三爻是到了腰部才停下來——「艮其限」。這個時候才停，會造成生命的分裂，背脊的肌肉會劇痛。這一爻是講人生停步太晚的痛

楚與危險。人生嘛,該停就要停,不聽從存在的節奏,以後會付出代價的。

四爻是整個人停下來了——「艮其身」。,時代不好,環境不義,毅然踩人生的煞車,不參與現實,不同流合污。

五爻要人閉嘴——「艮其輔」。輔是臉頰肉,五爻是君位,意思指身處高位,要管好自己的嘴巴,要守住講話的分寸。在高位者要慎言,說錯話,影響層面是很大的。

上爻則是深厚的停止之道——「敦艮」。敦者厚也。最深厚的停止就是卦辭講的內在的無為、無我與寧靜吧。

總結的說,整個震卦的脈絡是強調:震動必須是內在力量的爆發與震動,而且這股力量是喜悅的、甦醒的、強大的。但內在能量的成長會一再受到外在世界的考驗,如果能量被拉出去,震動不再是內在強大的成長,而變成外在傷人的武器,這就是震動的扭曲,整個震卦就毀了。至於艮卦卦爻辭,有談到停止血氣方剛,停止隨波逐流,停止猶豫不決,停止同流合污,停止亂說話,而其中最重大的停止,就是心性的寧靜與無為——內心一不執著,整個人間就水淨山清了。

漸與歸妹 —— 漸進與結合

　　　　這隻鴻鳥經歷了豐富的生命學習，從高山回返陸地，從高峰經驗回到人間生活，中國文化的終點還是指向人間道啊！

　　　　女孩出嫁，蠻幹硬做，把愛情當作戰爭，危險啊！一點好處也沒有。

　　第53卦漸卦與第54卦歸妹卦用了兩性的交往作為卦象。

　　男追女的過程要慢慢來，不要急躁嚇跑人家，所以要漸。等到愛情成熟，就要結合了，歸妹就是女孩出嫁的意思。愛情的行進，一定要有耐心經營，細火慢燉，才能成就一鍋美味的佳餚。我曾經發想了一個「愛情七階說」的理論：

　　*眼睛的愛情⇨感覺的愛情⇨言語的愛情⇨手的愛情⇨唇的愛情
　　⇨身體的愛情⇨性的愛情

　　現代小屁孩的速食愛情可能從第一階就直接跳到最後一階，錯過沿途的美好風光啊！而且性的能量太強烈了，一下子跳到性，前面幾階更細緻的能量與美好的內涵，可能就再不會出現了。嘿！每次一見面，就上床唄！他哪有心情再去聽妳的低訴與感受妳的心靈。其實不只愛情，做許多事，「漸之道」都可能是比較好的，過程與品質可能會顧得比較精細。至於歸妹卦的內容就有點沉重了，奇怪了！《易經》談結合，用的卦象與語言都比較嚴重。

　　漸卦本身的卦象是那隻鴻鳥。鴻是水鳥，從這隻鴻鳥的歷程可以覷見「漸」的道路。第一個階段是「鴻漸于干」，干是水邊，我們的

鴻鳥開始在水畔探頭探腦。第二個階段是「鴻漸于磐」，磐是巨石，這隻小心的傢伙飛到比較高的石頭上觀察下一步的行動。第三個階段是「鴻漸于陸」，飛到陸地了，往更深入的內陸探險。再來是「鴻漸于木」，愈來愈大膽也步步為營，飛到更高的樹木上，取得更遼闊的視野。第五個階段是「鴻漸于陵」，陵是山峰，水鳥飛到山上了！回首來時路，好漫長的一段歷練啊！最後一個階段又是「鴻漸于陸」，更有意思了，這隻鴻鳥經歷了豐富的生命學習，從高山回返陸地，從高峰經驗回到人間生活，中國文化的終點還是指向人間道啊！

這是從超凡入聖⇨超勝入凡的文化宏旨。

人生，是真理學習的最後一站。

漸卦很美！也容易理解。照說追女孩慢慢來，到結婚了應該是快樂的，但談結合之道的歸妹卦卻充滿凶險的卦象。

卦辭說：「歸妹，征凶，无攸利。」女孩出嫁，蠻幹硬做，把愛情當作戰爭（征），危險啊！一點好處也沒有。跟著六爻都是不妙的比喻——嫁給人當妾室、內心充滿隱憂、婚禮誤期、嫁不出去、去摘果子卻一無所獲、宰一隻羊竟然沒有一滴羊血！結合之道真不容易啊！像兩個宗教的互相包容，兩國談判，兩個種族的溝通了解，兩個文化的會通，兩個男女的結合與共同生活……愛情的冒險一樣不容易修成正果呀！

真正的愛情是沒有要求的情不自禁。

真正的愛情是水到渠成的雲淡風輕。

所以愛情的功夫很難，愛情永遠是一場冒險，愛情有可能是一場很深很深的荒唐夢，愛情的破碎可以學到深邃的智慧，而往往分手是愛情的最後一個學分……但真愛還是有達成的可能的，而且並不那

麼遙不可及，像修行，只是絕不容易。沒有一定成功的結合，只要是愛情，就一直會有危險。愛情是一場沒有終點站的旅行，可以有降低風險的策略，但沒有絕對成功的保證。跟另一個人相處一輩子其實很難的，可以跟一個人一輩子吃喝拉撒在一起，大概就通過初步的驗證了。所以《中庸》說：「君子之道造端乎夫婦。」中國人的道就是從愛情開始，印度人從廟出發。

　　補充一點，有朋友說不喜歡愛情裡複雜的添加物，但很可能我們就是為了添加物來地球（人道）修煉的。其實不只愛情喔，人間到處都是添加物，這就是地球行星的性質吧。任何結合，包括愛情，都隱藏著許許多多的添加物像自私、依賴、佔有慾、自憐、冷漠、怯懦、不尊重、利用、軟弱……由假修真，真真不容易！重點還是在有沒有養成成熟的心靈與人格，就是我常說的：讓自己成為鮮花，才能吸引蜜蜂蝴蝶；如果自己只是一堆便便，只能吸引蒼蠅。

　　這大概就是歸妹卦談結合之道充滿艱難卦象的原因吧。

豐與旅 ── 豐富與匱乏

　　欠缺內在的成熟，面對外在的豐富，很可能是災難的開始。

　　到底是不是人生如旅，讓人生變得破碎零落，其實還是由人心所決定。沒錢，日子還是可以過得很深厚、很充實；有錢，也可以活得像乞丐般沒尊嚴與貪婪。

　　第55卦豐卦與第56卦旅卦是談「豐富與匱乏」的兩個卦。

　　基本上，這是兩個很奇怪的卦，筆者覺得，這是兩個凶卦。

　　豐卦談豐富，豐富不是挺好的嗎？但整個豐卦卻著重在說豐富之後可能會出現的問題。所以《雜卦傳》說：「豐，多故也。」豐富的生活會出現很多的變故啊！想想也對，人有錢了，生活容易墮落；地位高了，姿態容易傲慢；勢力大了，容易滋生事端；學問多了，更容易胡思亂想！所以豐卦說只有王者才能面對豐富，（傳統文化的王者不僅僅指政治領袖，更是指心靈領袖或德性領袖），因為王者才能掌握「日在中天」的人格高度。好像聽過一個樂透得主幾年內將錢花光，事後痛苦的表示寧願從未中過樂透的新聞。是啊！欠缺內在的成熟，面對外在的豐富，很可能就是災難的開始。我想這就是《易經》豐卦的主要思維吧。所以豐卦各爻充滿大太陽下看見北斗星（日中見斗，可能嗎？），疑心病愈來愈嚴重（佔有慾造成的過度自我防衛），大太陽下還可以看到小星光（日中見沬，眼花了？），一棟漂亮的房子卻三年之間空無一人（其實指豪宅之內沒有人情或沒有人才的意思）等等的錯亂，可見人格不成熟，一旦處理不好，豐富的生活

就變質成匱乏的人生呀！

　　旅卦講旅行、旅途，對古人來說，「旅」是一件很辛苦的事，所以旅卦更深層的意義其實就是談「匱乏」。豐旅這兩卦是因果的關係，就像上段所說的，如果對豐富處理不好，一個富裕的社會卻每個人都像在過臨時的一生，只懂吃喝玩樂，只懂消費、旅遊、名牌、潮流，卻沒將生活過出更悠久的質感，豐富就會陷落成匱乏了。旅，並不一定指外在的旅行或流浪，更指內心的貧乏與萎縮。所以到底是不是人生如旅，讓人生變得破碎零落，其實還是由人心所決定。沒錢，日子還是可以過得很深厚、很充實；有錢，也可以活得像乞丐般沒尊嚴與貪婪——窮得只剩下錢。

　　所以旅卦第一爻說把人生當作瑣瑣碎碎的旅途（旅瑣瑣），這正是自取其災的原因。因為生命的飄零感與失根會製造災難啊！到了最後一爻，這種飄零感、瑣碎感、臨時心態更嚴重了，旅卦說像鳥的窩巢被燒了（鳥焚其巢），這是一種失家之痛！其實真正的家是內心的穩定與安全感，一個人內在的家被摧毀了，就像鳥焚其巢，生命失去了土性與可依靠的情感土地。旅卦說將人生當旅行來玩的人，剛開始會玩得很開心，但最後一定會哭的（旅人先笑後號咷）。

　　很清楚了，旅的相反就是穩定感、長久感、安全感與內心的愛。把每一個當下都當作恆久來過，把每一個當下都當作豐富深情的人生歲月悠悠。

巽與兌——順從與喜悅

> 有五種順從或跟隨：順從真理、順從大自然的節奏、順從
> 成熟的老師或心靈導師、順從時勢以及順從心靈。
>
> 喜悅的道路則有六個面相：天真的喜悅、成熟的喜悅、喜
> 悅的執著、喜悅的反思、喜悅的治療、最後談到靈性的喜悅。

第57卦巽卦與第58卦兌卦是《易經》基本八卦的最後兩個卦。巽
與兌分別談「順從與喜悅」的生命狀態。

巽與兌是「綜卦」的關係，有點發展或因果的味道，意思是說：
如果順從或跟隨到對的人或道理，生命內在即會湧現喜悅的能量。

先來看巽卦。

巽卦的卦象是「隨風」——順風而行，順勢而為，不抗爭，不用
力，風會自自然然吹拂到它該吹拂的地方。當然，太順風有時候也是
一種缺點，順太超過，會失去「主」體。

筆者個人認為有五種順從或跟隨，與巽卦的卦辭頗見相合：

一、順從真理——這是超越性或宗教性的順從。

巽卦卦辭說「利有攸往」——適合自覺奔赴真理的方向。

二、順從大自然的節奏——這是生態性或身體性的順從。

順從生態的法則生活，或跟隨自然的節奏飲食作息，這比較是環
保或養生層面的順從。反例太多了：過度開發會破壞生態、過度
使用資源會造成匱乏、吃太多會拉、長期晚睡會爆肝等等，都叫
「有干天和」。

三、順從成熟的老師或心靈導師——這是文化性的順從。

面對真正的老師，心裡要服氣，頭要低下去，才能展開真正的學習與成長。巽卦卦辭就叫「利見大人」。

四、順從時勢——這是客觀性的順從。

做事要順勢而為，但「時勢」或「形勢」這件事有點難講，有時候逆勢做事是愚蠢，但如果誤判形勢而不作為又是孬種；總之，順著時勢保守或主動，就得靠用心的觀察。廣義的「利有攸往」，也涵蓋這層意思。

五、順從心靈——這是心靈性的順從。

傾聽內在的聲音與呼喚，勇敢的走出屬於自己的道路，這是內在性的「利有攸往」。

卦辭強調順從，爻辭則多次說明決斷力的重要。

初爻說「進退，利武人之貞。」人生的進退，不能一直順從，對性格太順的人，巽卦反而說要有一點武人的剛正。三爻也說「頻巽，吝。」太頻繁的順從他人與環境是生命的困乏啊！巽卦反而叫人不要太聽話！意思是說只懂得抓現實潮流，骨頭太軟，生命的初衷與志氣都沒有了，當然是心靈與品格的貧血（吝）。到了最後一爻還是告誡決斷力缺席的危險：「巽在牀下，喪其資斧，貞凶！」順從他人順到躲在床下哭，喪失了生命內在的財富（資）與決斷力（斧），正道凶險！順到如此卑微，整個陽剛的精神都不見了。

巽卦有談正面意義的順從，也有警告順太過的危機——正順與軟弱。但筆者要補充一點：太過討好他人的順從與太過刻意叛逆的疏離都是生命的失準，過猶不及，正順還是最重要的，順與不順，要講究恰到好處的分寸。

接著談兌卦。

兌卦的卦象是「麗澤」——麗是連的意思，麗澤就是一片連綿不絕的汪洋大海。海洋的蘊藏是豐富的，海洋的力量是浩瀚的，喜悅的生命能量也一樣。做一件事如果感到快樂的能量，這件事才會做得好，才會做得通，所以喜悅的力量是很好用的，但要用得正，用得不正喜悅會變成媚俗討好。就像《象傳》說的：「兌，君子以朋友講習。」有什麼事情比跟同道朋友討論學問更快樂呢？這當然是喜悅之道的正用。

到了爻辭，則提出六種喜悅的情形，有正有反。

初爻「和兌」——和諧的喜悅。像小孩子和樂的心靈，小孩子是不會與人衝突的。

二爻「孚兌」——誠信的喜悅。意義接近成熟人格的說服力，讓從學者心生歡喜。

初、二爻的喜悅都是正面的經驗，到了三爻，卻是反面的了。三爻「來兌」——找來的喜悅。硬找來的喜悅不是自然發生的，這是一種貪歡，一種反面的執著，所謂強摘的瓜不甜嘛，執著喜悅或快樂往往會引發危險。

由於三爻的不正，到了四爻要檢討反省了。四爻「商兌未寧，介疾有喜」——這一爻是講思考喜悅的深層意義，清除生命的疾病。商量、檢討失正的喜悅（商兌），內心未得安寧（未寧），一直到將生命的痼疾隔開（介疾），才會感到真正的高興（有喜）。所以這一爻說的是生命治療的喜悅。

到了五爻「孚于剝」——確實剝除執著快樂的毛病，決心不當快樂的奴隸了。

上爻的「引兌」──就是經歷生命的治療與收復後，重新引導學習更深層的靈性快樂。

兌卦從喜悅談到喜悅的危機，從天真的快樂講到深刻的快樂，原來喜悅、快樂的能量是有不同的面相與層次的。

渙與節 ── 渙散與節約

面對時代的渙散，兇狠但無私，正是渙卦的特點。

我們的文化是尋常生活，不是孤苦卓絕；儒家文化是大地的文化，不像宗教修行是高峰的文化；我們不需要苦節，只需要遵守倫常的律則與自然的節奏就好。

第59卦渙卦與第60卦節卦是談「渙散與節約」的兩個卦。

這兩個卦好像是在講一個大亂的時代與大亂過後的節約。

面對一個大亂、渙散的局面，應該採取什麼態度呢？在渙卦裡，《易經》建議的是「進」，不是「退」；是積極，不是保守；是勇氣，不是謹慎。因為在非常時刻，就別說啥休養生息、謀定後動了，不強勢一點，連生存都成問題了。所以初爻就說準備進取的態度（用拯）與強大的生命力（馬壯）去面對時艱。三爻接著說「渙其躬」，就是說把自己（躬）也渙散掉啊！戮力以赴，沒有自我，面對大災難、戰亂、末世，就得有這種氣魄。四爻更狠！進一步說「渙其群」與「渙其丘」，把小團體、小圈子（群）通通打散掉，都什麼時候了，還搞小圈圈；甚至將既得利益份子的土地利益（丘）也瓜分掉，化私為公呀！這種時候還自私，大夥都別想活了。我們發覺兇狠但無私，正是這個卦的特點。到五爻是「渙汗」，汗揮如漿，用拼的；「渙王居」，連王宮、總統府都拆了。最後六爻是「渙其血」，要想活命，就要用生命去奮鬥。誰說中國文化一定是保守的，該狠該拼的時候也是絕不會手軟的，像渙卦。

　　動亂的局面稍稍平息，最危險艱難的時刻終於過去了，但留下一片廢墟，而在重建的工作與歲月中，「節約」無疑是一個很重要的態度。當然「節」除了節約，也有戒律、規矩的意思。在節卦中，談了三種涵義不同的節──安節、甘節、苦節。

*安節：能安在節約、戒律、規矩之中，不過多少有點勉強的意味，但這是一個以大局為重的人，這是一種「守規矩」的態度。

*甘節：能夠在節約、戒律、規矩之中發現甘美的心靈糧食，利用物質的節約還原心靈的素淨，這是一種「內在成長」的態度。

*苦節：感覺到節約、戒律、規矩很苦，很嚴峻，太刻苦的規矩不近人情，所以這不是正道，像長期斷食、面壁九年、絕情斷慾等等，都是違背尋常的行徑，《易經》不同意苦節，認為這是一種「規矩欺負人」的態度。

　　中國文化不喜歡極端，凡是不近人情的標準、過份嚴苛的標準、與生活脫節的標準，基本上我們的文化是不提出的。尤其儒家文化總是從「人道」的立場發言，它告訴我們怎麼當好一個「人」的智慧與規矩，當然人的成熟有很大的延展性，但我們的文化總希望靈性的高度與發展是從尋常生活出發，而不是從孤苦卓絕出發。儒家文化是大地的文化、是人性的文化，不像宗教修行是高峰的文化、是神性的文化；因此我們不需要苦節，只需要遵守倫常的律則與自然的節奏就好。

中孚與小過 ── 大信與小信

中孚卦的卦象是「風行海上」──風是抽象的東西，但吹拂海面，卻確實對水面有影響，象徵心靈的誠信是無形的，但確實能夠感人感物啊！

中孚卦講心靈的大信，相對的小過卦談原則的小信。所以小過卦的教訓就是太執著於小正小信的錯誤，事實上人生不可能事事皆正，要懂得權變與靈活。

第61卦中孚卦與第62卦小過卦談的是「大信與小信」的問題。

這兩個卦的內容很深刻，尤其是中孚卦，卦象也很美。

中孚卦談「大信」的問題，只有從心靈出發的真誠才稱得上是大信。這個卦，卦名的兩個字本身就很有意思了，先秦經典裡的中就是指心靈，而心靈的感知往往是很神準的，所以中也有「射中」的含意，那麼中道的力量就是心靈的力量了。孚這個字更卡通、更幽默，孚的涵義就是信，上面的「爪」是鳥媽媽的爪子，下面的「子」就是鳥蛋孵出來的雛鳥，所以「孚」就是「孵」蛋的孵，「孚」是本字，「孵」是今天的楷書，那麼，孵蛋為什麼會是信的含意，原來《說文解字》解釋說鳥媽媽的蛋一定孵出小鳥，烏龜媽媽的蛋一定孵出小烏龜，鱷魚媽媽的蛋一定孵出小鱷魚，雞媽媽的蛋一定孵出小雞，絕對有信用，準確得不得了！所以孚的本義是孵，引申義是信、準確的意義。中國人的造字，很幽默吧！

關於這種心靈的力量，不同的前輩給予不同的名字：

*《易經》稱為「中孚」——心靈的準確。

*孔子就叫「仁」——二人之間的感應。

*老子稱為「玄覽」——玄妙的觀覽。

*莊子稱為「坐忘」——道家版本的禪定。

*王陽明叫「見獨」或「致良知」——心靈的力量是己所獨知、
　　　　　　　　　　　　　　　　　　說不清楚的，卻能夠美好
　　　　　　　　　　　　　　　　　　的覺知萬物（良知）。

*禪師們叫「頓悟」——心靈的力量一伸出去，一下子就領悟了。

*基督教喚「靈修」——靈魂的修正調校。

*奧修說「覺知」——心一覺醒，啥都知道了。

這種源自生命本體的力量，是宏大的真誠，所以稱為大信。

中孚卦的卦象是「風行海上」，這個卦象很有意境——風是抽象的東西，但吹拂海面，卻確實對水面有影響，象徵心靈的誠信是無形的，但確實能夠感人感物！

卦辭用祭禮的輕重來比喻：「中孚，豚魚，吉。」豚是小豬，魚是鮮魚，對祭禮而言算是薄祭，但只要是發自內心的誠信，誠能感物，仍然是吉的。也就是說，是否對一個人好，不在禮物的輕重，而在有沒有一顆真誠的心。

更美的是二爻，講人心之間真誠的感應與分享：「鶴鳴在蔭，其子和之；我有好爵，吾與爾靡之。」真是美好的句語！鶴鳥在林蔭鳴唱生命之歌，他的朋友聽到歡欣回應啊！我這兒有一樽心靈的美酒，我跟你一起分享吧！

嘿！人間還有什麼事比朋友之間共享心靈的美酒更讓人陶醉與滿足。

　　請注意！中孚的孚，除了誠信，還有準確的含意。心靈的準確，面對人間，或剛、或柔、或擁抱、或作戰、或動手、或罷手，因時變化，都是不一定的。三爻說得好：「得敵，或鼓或罷，或泣或歌。」儘管誠信處世，人生還是難免會遇到敵人，跟自己不和甚至對立的人，或應戰、或罷手、或悲泣、或高歌，用心去判斷，行無定法啊！不要懷疑，誠信不是固執，真正的誠信、大信是非常靈活的！

　　誠信者有敵人，當然也會有朋友，第五爻就說一個人累積心靈的誠信到有能力繫連同道朋友，「有孚攣如」，心靈的力量擴散出去了。

　　到了最後一爻，中孚卦話鋒一轉，告訴我們心靈的力量發展到一定的高度，也是有危險性的。上九爻說：「翰音登于天，貞凶。」翰是飛鳥震動羽翼的聲音，振翼揚羽，本來是很有生命力的聲音，現在那隻鳥飛太高高到接近天際，振翅聲太高遠，《易經》卻說正道凶險了。這一個鳥翼的卦象的深層意義是說：一個成長者持續修練心靈的力量，時機成熟，會發展到很精微的程度，但這時說出的意見如果陳義太高，話說得太漂亮，道理說得太高明，反而是危險的，因為，第一，可能自己說出來也不見得做得到，這是一種語言上的踰越與心態上的驕傲；第二，別人聽不懂，反而會造成一般人對心靈意見的反感。印度詩哲泰戈爾的《漂鳥集》說：「不要將你的愛置於絕壁之上，因為那是很高的。」中孚卦上九爻卻說：「不要在絕壁上說真理，因為別人是聽不清楚的。」哪怕再高深的心靈經驗、真理語言，我們也要訓練將它說成大白話、老實話、家常話。

　　64卦中，談心靈談得最精彩的兩個卦是井卦與中孚卦，井卦著重談論心的本體，中孚偏向講心的發用。

　　中孚卦講心靈的大信，相對的小過卦談原則的小信。基本上，「小過」有兩層含義：（1）中孚卦講心靈的力量，格局宏大，小過卦比較像是固執小小的信用，死守原則，不是從心靈出發，所以只是小信──小小的過得去；（2）但不管怎麼樣，講信用還是好的，所以不知變通造成的錯誤，也頂多是小小的過失。所以小過卦的教訓就是太執著於小正小信的錯誤，事實上人生不可能事事皆正，要懂得權變，就像中孚卦三爻所說的靈活手段。

　　另外，個人覺得小過卦最深邃的還是卦辭，而小過卦卦辭基本上是上一卦中孚卦上九爻爻辭的補強與延伸。卦辭說：「飛鳥遺之音，不宜上，宜下，大吉。」飛鳥掠過留下振翼的聲音，飛低一點，不要飛太高，是Very Good的！鳥飛過，一抬頭看，飛低一點，還有個影子，飛太高，啥都看不到。意思是成熟者或大德者不能飛太高，同樣的有兩個理由：一、太招搖，太搖擺，飛那麼高，會被忌妒者射下來，容易被宰，何必呢？這個行星是充滿負面情緒，看不得別人好的；二、飛低一點，才能接近老百姓，才能真正了解他人的苦處與困難，你能飛那麼高那麼快，別人可不一定行呀！

　　說得真好！飛鳥遺之音，宜下不宜上。真理，一定要說得淺近，盡量不要說得高深。

既濟與未濟 —— 完成與未完成

　　「初吉終亂」——既濟講「完成」，小心事情完成或接近
完成時是最危險的時刻。

　　「无成有終」——未濟談「未完成」之道，真正重要的事
都是幾十年甚至一輩子做不完的，但每代人的生命都有結束的
一天。

　　《易經》的第63卦與第64卦是既濟卦與未濟卦。

　　濟是渡河的意思，對古人來講渡河是件大事，有一定的危險程
度。所以既濟就是已經過河，未濟就是還沒過河。意義的引申，既濟
就是「完成」之道，未濟就是「未完成」之道。所以64卦是結束在
「未完成」，而不是結束在「完成」，這就是《易經》的未完成哲
學——**未完成才是人生的常態，甚至不容易完成的事情可能才是人生
的主題，生命的意義在過程與沿途的風景，而不在終點與目的地。**

　　這兩卦的卦象與卦性剛好是相對的。既濟卦的卦象是「水在上，
火在下」，水性往下，火性炎上，這是一個水火相交的意象；水在火
上有災已滅，水能治火的意思，所以既濟；又像火在下煮水，也是水
火相濟的意象。未濟卦的卦象相反是「火在上，水在下」，火性炎
上，水性往下，所以是水火不交的意象；火勢太大，水撲滅不了，燒
到水上面來，所以是未濟。

　　兩卦的卦性也是相反的，既濟卦的卦性是「明而險」——已經完
成或接近完成，雖然光明，但隱藏著危險在前路。未濟卦的卦性則是

「險而明」──未完成的時代充滿危險與變數，但危險讓人覺知，危險的時代也處處隱藏著機會，所以依稀看到險路前方的曙光。

其實最能代表既濟卦與未濟卦的兩句經文是「初吉終亂」與「无成有終」。

歷史上出現過太多「初吉終亂」的事件，一個事業完成或接近完成常常會引發下一波的亂象與災難，譬如法國大革命或辛亥革命，都是革命成功了就發生了同志之間的決裂或內部的腐敗，又像《三國演義》中，當劉備在蜀漢稱帝，自成一個小局面時，就開始不聽諸葛亮的話了，結果攻打東吳失敗，導致蜀漢元氣大傷。所以事情完成或接近完成時是最危險的時刻，要謹記做完一件事就只是做完一件事，並不代表人生的圓滿。

至於「无成有終」是坤卦的卦辭，卻是未濟卦精神的最佳寫照。真正重要的事都是幾十年甚至一輩子做不完的（无成），像人類文明大工程、累世的修行、兩個民族的對話溝通、一個社會改革的興起到成熟等等，但每代人的生命都有結束的一天（有終）。反向思考就是，凡是在很短時間內能夠決定結果的事，都不要太放在心上，因為都是些小事情，心胸豁達一點，轉眼都會過去的，像失戀、考試被當、比賽失敗、丟了錢等等，一瞬間即會成為過眼雲煙。

做完的，不重要；做不完的，才是主題。做完了，小心危險；還沒做完，反而是最警覺的。

既濟卦與未濟卦的卦象都是一隻渡河中、狼狽的、疲乏的小狐狸。大概情形很緊急，小狐狸急著過河，河床本來是接近乾涸的，但從上游而至的水勢愈來愈大，在未濟卦中（渡河中），小狐狸還只是弄濕了尾巴，但既濟卦（快上岸了）更危險，大水突至，小狐狸連頭

都弄濕了，差點滅頂啊！

也許在最後兩卦，《易經》要提醒我們：**過程往往是最幸福的，未完成才是最璀璨、最輝煌、最覺知的生命時刻。珍惜每一個當下的遊戲，全力以赴而超越成敗的「玩」才是最重要的，至於輸贏就別放在心上了。因為真正的主題是漫長的生命成長大遊戲，而不是人生賭局一時的小得小失。**

第三章

學術易

從《易經》井卦與中孚卦
探索中國文化最早的心性論

問題的提出：中國文化心性論的源頭

　　從孔子的「不語怪力亂神」[1]，又自覺的「罕言利，與命與仁」[2]以及子貢說老師「夫子之言性與天道，不可得而聞也」[3]等等《論語》的章節開始，似乎就設定了儒家文化的人間路線。「怪力亂神」中的「神」應該是指一種生命力量或心靈力量的伸張。孔子罕言利益可以理解，罕言命也就是儒家樸素的人間教法，但「仁」不是孔子的中心思想嗎？怎麼他老人家也很少談到呢？事實上「仁」有歧異，這裡的意義應該是接近核心意義或本體意義的仁，接近心性論的意義。那跟子貢說沒聽過老師談「性與天道」的意思就很相近了，性是心性論，天道當然是指天道觀或本體論。綜合這三章《論語》，我們可以確定孔子論學，很少談及無形的力量與層面，原因先不討論（因為不是本文的討論重點），但這就是孔子自覺性的選擇。

　　問題是，一個體系完整的文化體，理當是不會不觸及內在的、心性的、精神的層面的，既然孔子影響下的儒家一路不處理，那就交給與孔子差不多同時代的老子道家一脈了，確實，從老到莊，道家一脈對心性的問題開發甚深，但比較偏重內在心性的功夫與作用[4]，偏重

---

[1]　語見《論語》述而篇。
[2]　語見《論語》子罕篇。
[3]　語見《論語》公冶長篇。
[4]　牟宗三先生《中國哲學十九講》中的第五、六、七講都有提及道家「作用層」的玄理。（學生書局，民國72年10月初版。）

功夫論的層次,較少談及心性本體的問題。一直到戰國以後《中庸》出現[1],對「性與天道」多所著墨,但旋即印度佛教東傳漢地,又從此儼然成了教授心性問題與功夫的主導與權威。那麼從本土文化的視角去要求,中國義理真的欠缺心性論的開創、源頭與體系嗎?直到筆者開始讀《易經》,漸漸的發現,我們還是有很古早很完整的心性論的——在64卦中井與中孚兩卦,對心靈問題有著完整的探索。

進入問題的背景:64卦的結構與脈絡

在進入正式的討論之前,有必要交代一下背景的問題——64卦的基礎結構。

《易經》的具體內容,就是指64卦。64卦中,第1、2卦乾坤卦是基本卦、基本原理卦或總綱卦。這兩卦比較是整體的談法。至於其他62卦,等於談62個人生問題,或者說從62個角度切入討論人生。62卦比較是局部的談法。進一步看更精細的結構,64卦的進行,基本上是兩卦一組,或綜或錯,成語錯綜複雜,出處就在這裡。綜卦是上下顛倒,錯卦是陰陽對反[2];筆者的讀易心得,綜卦比較是因果性的關係,錯卦傾向是對反性的關係。所以就我們先行用綜與錯的視角,看看本文的主角——井與中孚——的背景。

---

[1]　勞思光的《中國哲學史》甚至認為《中庸》的「成書時代,必在由秦至漢初一段時間。」請參考《中國哲學史》第二卷頁50。(三民書局,民國70年1月初版。)

[2]　綜卦與錯卦是明代來知德的易學術語,但現行版《周易》的卦序,就是按照綜或錯排列的,譬如1、2卦乾坤是「錯」,3、4卦屯蒙是「綜」,5、6卦需訟是「綜」,7、8師比是「綜」,9、10卦小畜履是「綜」,11、12卦泰否是「既綜且錯」……等等。所以綜錯並不是來氏的發明,是《周易》卦序的本來面目。請參考張其成主編《易學大辭典》398頁的「綜卦」、「錯卦」條。(華夏出版社,1992年2月北京初版。)

　　在64卦的卦序上，困卦與井卦是一組的，中孚卦與小過卦是一組的。困卦與井卦是綜卦的關係，中孚卦與小過卦是錯卦的關係。所以前一組是因果性的發展，後一組是相對性的狀態。我們簡要分析一下這兩組卦的義理。

　　困卦的主題是談論人生的種種困難，而井卦就是《易經》的心性論或本體論，談心靈的一卦。井卦告訴我們解決人生困難最究竟的法門就在心靈。因為所謂困難，從最深入的地方思考，其實都是我們自己造成的，我們是自己人生這齣戲的導演與主角，我們可以決定自己的這齣戲究竟是喜劇？悲劇？好戲？還是拖棚的歹戲？相由心生，外境，也是由心生的，所以解鈴還須繫鈴人，心是破除幻象的最佳神兵，心靈是解決人生困難最便捷的法門。

　　中孚卦談「大信」的問題，只有從心靈出發的真誠才稱得上是大信。相對的小過卦談固守原則的「小信」。基本上，「小過」有兩層含義：一、中孚卦講心靈的力量，格局宏大，小過卦比較像是固執小小的信用，死守原則，不是從心靈出發，所以只是小信——小小的過得去；二、但不管怎麼樣，講信用還是好的，所以不知變通造成的錯誤，也頂多是小小的過失。所以小過卦的教訓就是太執著於小正小信而不知變的錯誤。當然，這兩個解釋都符合「錯卦」的理路。

　　是不是開始看到一點《易經》心性論的味道。從上文介紹64卦的結構來看，井與中孚這兩個卦是「沒有關係的」，非綜非錯；但如果筆者的說法是正確的，這兩個卦確是談心靈或心性的兩個卦，而且有一點一體一用的偏重，那麼以《易經》的年代及文化根源的定位而言，恐怕我們是真的找到中國文化最早的心性論了。

問題的肇端：從坎卦卦辭說起

從坎卦卦辭展開問題的探討吧。為什麼？因為坎卦卦辭宣示了《易經》傳統兩個重大的方向。跟本文要談的心性論有著必然的關係。

坎卦是基本八卦之一[1]，坎卦的主題是談「人生的危險與逆境」。而坎卦的卦辭很珍貴的點出了《易經》傳統的兩大方向——心靈與行動。原文是：「維心亨，行有尚。」維心亨指心靈的通感，行有尚指行動的重要。

關於這兩種力量，王鎮華先生有很精闢的詮釋：

> 中國文化的兩隻腳：心靈與實踐易經坎卦卦辭說：「維心亨，行有尚。」意思是：在危機時代，環境再艱難，至少還有兩條路走得通。一條是自己的心神可以感通、悟通，時代因何否塞，環境糾結陷溺何處，知識經驗或許解不開，心領神會時則不言而喻。另一條是自我實踐，改革社會非一時可蹴，但至少可以先面對自我成長的問題，由實踐、成長到成熟，自我充實了，治世亂世都不怕沒有服務別人的機會。[2]

「維心亨」，亨者，通也。心靈，對己，可以覺知；對人對物，可以感通。

「行有尚」，行動的力量是最直接的力量，行動裡隱藏著人間的

---

[1] 乾坤離坎震艮巽兌，即基本八卦，又稱八純卦。
[2] 見王鎮華《黃河性情長江行》。（允晨文化。）

智慧，這本來就是儒家家風。

心靈是內在教授，行動是外在教授；心靈是「心性道」，行動是「人間道」；佛、道多談心靈教法，儒家著重人間行動。後來明代儒宗王陽明就說心靈是還沒發動的行動，行動是已經發動的心靈[1]。

從坎卦卦辭可以清楚看到《易經》果然是體大恢弘的開創型經典，它不單標立行動的力量，也強調心性的功夫。中國文化的源頭，是重視心靈的。其實整個64卦，多有零零散散的提及心性的問題，其中說得最完整的，就是井與中孚兩個卦。

問題的主軸之一：井卦的體、用與功夫

☰　這是井卦的卦體，巽下坎上。

卦象：巽卦是木，坎卦是水。卦性：巽卦是入，坎卦是險。

原文如下：

井改邑不改井，无喪无得，往來井井，汔至亦未繘井，羸其瓶，凶。

初六：井泥不食，舊井无禽。

九二：井谷射鮒，甕敝漏。

九三：井渫不食，為我心惻，可用汲，王明並受其福。

六四：井甃，无咎。

九五：井冽寒泉食。

上六：井收勿幕，有孚元吉。

---

[1]　見明・王守仁《傳習錄》頁11。（台灣商務印書館，民國73年4月臺八版。）

一、導論

所以卦象的含意是「木上有水」——那就是木造的汲水器落入水中，打井水的景象。

卦性是「入險」——進入危險，這是緊接著上一卦困卦，講的是入險之道。井卦是《易經》的第48卦。井卦的主題是「心靈」或「心性」。井卦就是《易經》的心靈哲學。

基本上，「井」這個卦象就是指生命的泉源、生命的源頭活水、自性的涵義。整個井卦充滿對心性問題的深邃見地，尤其九五與上六兩爻，正好表現出中國文化或易經文化對心性的看法，有著與其他宗教不同的洞見。

其實「井」這個意象就很不同於一般了。像佛門將心性形容為「心鏡」，這是常見的用法，而使用「心井」的，大概只有《易經》井卦罷；而「鏡」與「井」這兩個不同的象徵，剛好呈現出佛家文化與中國文化不同的向度與關懷：

＊心鏡——佛門的比喻／主要功能在反照／「清淨心」的象徵。

＊心井——易經的卦象／主要功能在飲用／「慈悲心」的象徵。

這正是佛、儒二門的不同家風啊（《易經》當然是儒家的源頭）！佛家重在清淨心性的鍛鍊，儒門則要解決人間乾涸的悲辛：一者清淨，一者慈悲；前者是心性法，後者是人間道。進一步，自性的井水是給天下行者飲用的，自性之水取用不盡，愈開挖，愈湧現，有一點接近老子所說：「聖人不積，既以為人己愈有，既以與人己

愈多」[1]的含意。至於從困卦到井卦的脈絡，宋代程頤說得很清楚：「謂上升不已而困，則必反於下也。」[2]反於下就是回到生命的基層或根本的心靈，正是源頭活水的意象。生命要怎麼出困呢？出困之道就在養性、復心。

二、卦辭的解釋

整段卦辭，都是深邃的心靈智慧。

「改邑不改井」，邑是村落，這句經文的意思就是井之道，是搬家不搬井的。魏晉的王弼說：「井以不變為德者也。」[3]也就是孔子說的：「我欲仁，斯仁至矣」[4]的意思。這是強調心靈自性不動的一面。

「无喪无得」是說生命的泉源是恆常不變、天生具足、不能減一分（无喪）、不能增一分（无得）。不是很像《心經》講的「不生不滅，不垢不淨，不增不減」[5]的心性本體嗎？可見中、印文化都有探觸到心性根源的本體實相。小程子也說：「汲之而不竭，存之而不盈」[6]，汲之而不竭所以无喪，存之而不盈所以无得，小程子補充說：「其德也常。」[7]這句經文就是講心靈自性恆常的一面。

前面二句是中印、儒佛文化共有的發現，那卦辭第三句「往來井

---

[1]　語見《道德經》第81章。

[2]　見宋・程頤《易程傳》頁323。（泉源出版社，民國79年3月初版。）

[3]　見《周易老子王弼注校釋》頁460。（華正書局，民國70年9月初版。）

[4]　語見《論語》述而篇。

[5]　《心經》原名《般若波羅蜜多心經》，是闡述大乘佛教空和般若思想的經典，是《金剛般若波羅蜜經》濃縮成為二百餘字的極精簡版本。

[6]　同註2。

[7]　同註2。

井」就是中國文化人間教法的凸顯處了。這句經文的白話文意思是：
天下行人來來往往都可以取用井水而用之不絕。第一個「井」字作動
詞用。小程子註解說：「至者皆得其用。」「其用也周。」[1]大德者
成熟的心靈供養天下百姓可以是非常周到的，這是講心靈自性他愛的
一面。

卦辭最後一句「汔至亦未繘井，羸其瓶，凶」卻是講一個修行的
原理。汔是幾乎的意思，繘指吊掛汲水木桶的繩子，羸這裡是打翻的
意思。整句話就是說：用繩索吊掛木桶取水但仍然未出井，結果取水
的木桶卻打翻了，凶險啊！深層的意義是：取用自性的源頭活水（不
管是從大德之士那裏學習，還是指自己修鍊自性的智慧，都可），要
喝到才算，強調心性的修鍊的最後時刻是最危險的，為山九仞，一旦
打翻，有可能引發災難。唐代孔穎達註解說：「喻人行常德，雖善始
令終，若有初无終，則必至凶咎。」[2]筆者認為這一句經文有觸及實
修的問題。

綜合卦辭的涵義：

（一）心靈自性是恆常不變的。

（二）心靈自性是天生具足的。

（三）心靈自性是供養眾生的

（四）心靈自性的修鍊得小心最後階段的凶險。

卦辭談心性論，本體、發用、功夫的層面都提到了。

[1] 見宋・程頤《易程傳》頁323。（泉源出版社，民國79年3月初版。）
[2] 見《十三經注疏1──周易／尚書》頁110。（藝文印書館，民國71年8月九版。）

三、爻辭的解釋

一般而言，易卦六爻講不同人生問題的六個階段、六種狀況或六種型態。井卦六爻，頗有一點修心歷程的況味。

初六的「井泥不食，舊井无禽」是說我們的心井荒棄已久，井中有泥，井水混濁，自性不清，不能食用，這樣一口廢置的心靈之井，連鳥都不理啊！這是講一般人沒修養、塵封已久的心靈狀態。

九二的「井谷射鮒，甕敝漏」同樣講心性的破敗，但更誇張，情形更嚴重。鮒是小魚，泥鰍類，古代習慣以矢取魚。甕是盛水瓦器。這一爻好慘！井乾如谷，可以誇張到用箭射取井底小魚，甚至連汲水的容器也破底，水漏光光。筆者認為，井喻心性，甕指修行的功法，心、法兩失，源頭活水乾涸已久，情況比初六更嚴重了。

九三的「井渫不食，為我心惻，可用汲，王明並受其福」則是講大德者的心性泉源理當為天下人所取用。渫是去汙垢。翻譯成白話文意思就是：井汙已去，但不被食用（指未得賞識、重用的意思），值得我們心裡同情啊！應該好好取用大德者的心靈泉水。如果王者賢明，能起用大德，王、有德者、百姓會一起受到福報。所以這一爻是強調心靈的實用性。

六四的「井甃，无咎」就是說我們這口心靈之井需要修理，沒有關係的。甃是以磚疊井，修井之壞。在紅塵日久，每過一段時日當重做洗心淨慮的充電功夫。這一爻是講修心的需要。

九五的「井冽寒泉食」的意思是井水甘潔，可以有美泉食用。比喻一種高純度、高解晰的心靈狀態；所謂無染的心，清深如井。冽，甘潔也。寒泉，就是美好的泉水。所以這一爻是「清淨心」的涵義。

但真正的關鍵字是「食」一字。一個成熟者心靈的井水，是提供給有緣人食用的——一個成長者成熟的人格、學問、經驗、智慧，正是許許多多有緣人的源頭活水。九五爻很重要，同時點到了心性「清淨」的境界與「慈悲」的作用。

上六爻說得更透徹：「井收勿幕，有孚元吉。」井，就是你的心。特性是清的、深的、源源而生的，而且無條件的供養天下眾生。這一爻的含意指井道收其大功（井收），井口不要加蓋（勿幕），內具誠信（有孚），壯大吉祥（元吉）。講一個成熟者修心大成，大用於世，一個大德之士不會私用自己的成熟；生命的成長、實踐，自己完成也不能擁有；如果修養有成卻隱伏不出，總是有虧修心的路。井卦最後一爻的精神就是心靈的井水全然開放，讓四方君子吸飲。卦辭也提過「往來井井」，人間世許許多多乾涸的心靈都會自自然然的圍繞著一個成熟者，希冀得到智慧之泉的滋養與灌溉。不錯！成熟的心靈是開放的、公有的、溫暖的，而且，可以解渴的。最後一爻更是將心井「慈悲」的實踐意義充分發揮了。

綜合卦爻辭的內容，仔細分析井卦的內涵：

（一）提到心性的本體——卦辭的「改邑不改井，无喪无得」。

（二）提到心性的慈悲性或實用性——卦辭的「往來井井」與爻辭的九三、九五、上六。其中只有九五的半爻有提到心鏡清淨的功能。

（三）提到心性的修行功夫——卦辭的「汔至亦未繘井，羸其瓶，凶」與爻辭的初六、九二、六四都談及修行的正反情形。

關於心性論，井卦可謂體大而完備了，其中最大的特點當然是第（二）點——井水是用來喝的。

看完井卦的心性智慧，中孚卦又有何不同呢？

問題的主軸之二：中孚卦的心性作用

☲ 這是中孚卦的卦體，兌下巽上。

　　卦象：兌卦是澤，巽卦是風。卦性：兌卦是悅，巽卦是順。

原文如下：

中孚豚魚吉，利涉大川，利貞。

初九：虞吉，有它不燕。

九二：鳴鶴在陰，其子和之，我有好爵，吾與爾靡之。

六三：得敵，或鼓或罷，或泣或歌。

六四：月幾望，馬匹亡，无咎。

九五：有孚攣如，无咎。

上九：翰音登于天，貞凶。

一、導論

　　中孚卦的卦象是「澤上有風」——澤就是海，所以卦象就是「風行海上」，這個卦象很有意境，風是抽象的東西，但吹拂海面，卻確實對水面有影響，象徵心靈的誠信是無形的，但確實能夠感人感物。

　　卦象是「悅而順」——內心悅樂，外順天理，這是誠信的意象。

　　中孚卦談「大信」的問題，只有從心靈出發的真誠才稱得上是大信。孔穎達註解說：「信發於中謂之中孚。」[1]這個卦卦名的兩個字本身就很有意思了，先秦經典裡的中就是指心靈，而心靈的感知往

---

[1]　見《十三經注疏1——周易／尚書》頁133。（藝文印書館，民國71年8月九版。）

往是很神準的，所以中也有「射中」的含意，那麼中道的力量就是心靈的力量了。孚這個字更卡通、更幽默，孚的涵義就是信，上面的「爪」是鳥媽媽的爪子，下面的「子」就是鳥蛋孵出來的雛鳥，所以「孚」就是「孵」蛋的孵，「孚」是本字，「孵」是今天的楷書，那麼，孵蛋為什麼會是信的含意，原來《說文解字》段玉裁注[1]解釋說：鳥媽媽的蛋一定孵出小鳥，烏龜媽媽的蛋一定孵出小烏龜，鱷魚媽媽的蛋一定孵出小鱷魚，雞媽媽的蛋一定孵出小雞，絕對有信用，準確得不得了！所以孚的本義是孵，引申義是信、準確的意義。中國人的造字，很幽默吧。

所以中孚的深層意義就是心靈的誠信與準確，那當然是一種「大信」，而且，從卦名推敲，就可以看到與井卦有所差別，偏重講心性的發用。關於這種心靈的力量，不同的文化傳承有著不同的名稱，舉例如下：

*孔子就叫「仁」——二人之間的感應。

*老子稱為「玄覽」——玄妙的觀覽。

*莊子稱為「坐忘」——道家版本的禪定。

*王陽明叫「見獨」或「致良知」——心靈的力量是己所獨知、說不清楚的，卻能夠美好的覺知萬物（良知）。

*禪師們叫「頓悟」——心靈的力量一伸出去，一下子就領悟了。

*基督教喚「靈修」——靈魂的修正調校。

*奧修與新時代一般叫「覺知」——心一覺醒，什麼都知道了。

*《易經》稱為「中孚」——心靈的準確。這種源自生命本體的

---

[1] 見《說文解字注》頁114。（黎明文化，民國69年10月五版。）

力量，是宏大的真誠，所以稱為大信。

二、卦辭的解釋

卦辭講做人做事，心靈的誠信（中孚）是最重要的，重點並不在禮物或物資的輕重（豚魚吉），只要用心，就可以做大事（利涉大川），當然做事的方向要正確（利貞）。

卦辭用祭禮的輕重來比喻：「中孚，豚魚，吉。」豚是小豬，魚是鮮魚，對祭禮而言算是薄祭，但只要是發自內心的誠信，誠能感物，仍然是吉的。就是所謂禮薄心誠[1]。也就是說，是否對一個人好，不在禮物的輕重，而在有沒有一顆真誠的心。

所以中孚卦卦辭很清楚的在說明心靈感動的力量是首要的。

三、爻辭的解釋

相對於井卦，中孚卦的六爻都在談心靈的發用。

初九是「虞吉，有它不燕」。初爻說兩種內在的狀態。虞通慮，所以是憂慮、警備、警醒的含意。類似今天講覺察、覺照的心性狀態。它是古蛇字，用在中孚卦，指內心的毒蛇，就是私心的意思。燕是宴樂、安好。那中孚卦初爻的意義就很明顯了——內心覺察、敏銳，吉；內在有私心、私慾，就不好了。辨別、觀察內在心性的純、駁，這句經文的重點倒是在說心鏡清淨、照明的作用。

九二寫得很美，講人心之間真誠的感應與分享：「鶴鳴在蔭，其子和之；我有好爵，吾與爾靡之。」真是美好的句語！鶴鳥在林蔭

---

[1] 見《十三經注疏1——周易／尚書》頁133。（藝文印書館，民國71年8月九版。）

鳴唱生命之歌，他的朋友聽到歡欣回應！我這兒有一樽心靈的美酒，我跟你一起分享吧！人間還有什麼事比朋友之間共享心靈的美酒更讓人陶醉與滿足。這一句經文講誠信的感人力量在很遠的距離也會有和應。有一點孔子說「有朋自遠方來，不亦樂乎」的況味。

中孚的孚，除了誠信，還有準確的含意。心靈的準確，面對人間，或剛、或柔、或擁抱、或作戰、或動手、或罷手，因時變化，都是不一定的。六三說得好：「得敵，或鼓或罷，或泣或歌。」儘管誠信處世，人生還是難免會遇到敵人，跟自己不和甚至對立的人，或應戰、或罷手、或悲泣、或高歌，用心去判斷，行無定法。不要懷疑，誠信不是固執，真正的誠信、大信是非常靈活的。這一句經文是說心性準確的作用。

到了六四卻提醒我們，心性的力量再真誠、感人，人間還是會有不圓滿與危險的時刻的：「月幾望，馬匹亡，无咎。」月兒只是接近十五，還沒圓滿，馬掉了一匹，不利於行，也沒關係了。只要內懷誠信，事情總會過去的。這一句經文就是說堅持心性的誠懇。

不愉悅事情的過去就發生在下一爻，九五：「有孚攣如，无咎。」誠信者有敵人，當然也會有朋友，第五爻就說一個人累積心靈的誠信到有能力繫連同道朋友（攣如），心靈的力量擴散出去了。這一句經文有一點誠信者成長成大德之士的意味。

到了最後一爻，中孚卦話鋒一轉，告訴我們心靈的力量發展到一定的高度，也是有危險性的。上九爻說：「翰音登于天，貞凶。」翰是飛鳥震動羽翼的聲音，振翼揚羽，本來是很有生命力的聲音，現在那隻鳥飛太高高到接近天際，振翅聲太高遠，《易經》卻說正道凶險了。這一個鳥翼的卦象的深層意義是說：一個成長者持續修練心靈

的力量，時機成熟，會發展到很精微的程度，但這時說出的意見如果陳義太高，話說得太漂亮，道理說得太高明，反而是危險的，因為，第一，可能自己說出來也不見得做得到，這是一種語言上的踰越與心態上的驕傲；第二，別人聽不懂，反而會造成一般人對心靈意見的反感。印度詩哲泰戈爾的《漂鳥集》說：「不要將你的愛置於絕壁之上，因為那是很高的。」中孚卦上九爻卻說：「不要在絕壁上說真理，因為別人是聽不清楚的。」哪怕再高深的心靈經驗、真理語言，我們也要訓練將它說成大白話、老實話、家常話。魏晉的王弼說得好：「翰，高飛也；飛音者，音飛而實不從之謂也。居卦之上，處信之終，信終則衰，忠篤內喪，華美外揚，故曰翰音登于天也。翰音登天，正亦滅矣。」[1]另外，中孚卦的下一卦錯卦小過卦的卦辭，基本上是上一卦中孚卦上九爻爻辭的補強與延伸。卦辭說：「飛鳥遺之音，不宜上，宜下，大吉。」飛鳥掠過留下振翼的聲音，飛低一點，不要飛太高，是好的。鳥飛過，一抬頭看，飛低一點，還有個影子，飛太高，什麼都看不到。意思是成熟者或大德者不能飛太高，同樣的有兩個理由：一、太招搖，太搖擺，飛那麼高，會被忌妒者射下來，容易被宰，何必呢？這個世間是充滿負面情緒，看不得別人好的；二、飛低一點，才能接近老百姓，才能真正了解他人的苦處與困難，你能飛那麼高那麼快，別人可不一定行。說得真好，飛鳥遺之音，宜下不宜上。真理，一定要說得淺近，盡量不要說得高深。

　　64卦中，談心靈談得最精彩的兩個卦是井卦與中孚卦，關於心性論，本體、發用、功夫井卦都談到了，中孚確實偏向講心性的作用。

---

[1]　見《十三經注疏1──周易／尚書》頁134。（藝文印書館，民國71年8月九版。）

綜合中孚卦爻辭的內容：

（一）卦辭、九二、六四、九五討論心性的誠信與感人的作用。

（二）初九討論心性的照明、觀照的作用。

（三）六三討論心性的準確靈動的作用。

（四）上九則提醒心性作用過度發展的危機。

井卦比較全面，中孚全卦都是在講各種心性作「用」的問題。

《易經》的心性論圖像與模型

文章最後，根據上文對井與中孚卦的分析，透過白話文，筆者嘗試描繪出中國文化最古老的心性論的內涵與圖像如下：

中國人很古早就知道心性本體的存在，心是恆常、不會變動的存在，而且祂天生就完滿周備，我們無法對祂增減一分一毫。但我們的心就像一口井，井水本身沒有問題，但井廢置太久不用，它就會破敗、乾涸、蒙塵，讓心性的井水不能發生作用。所以要做後天修井（心）的工作，維持心性的泉水暢通的供給，這就是修行功夫的問題了。進一步，《易經》提醒修行的最後階段可能就是最凶險的階段，為山九仞，可能不只功虧一簣，還會引發災難。

當然，基於中國文化人間性格的傳統，《易經》的心性論提得最多的還是「用」的問題——心在人間的作用。

作用一：慈愛的作用。對中國人來說，一個大德者的成熟心靈就像一口大井，讓天下行人來來往往都可以自由取用智慧的井水。而且大德者的心性泉水是清甜甘美的，又全然開放，可以解四方君子在成長長路上的乾渴。所以中國文化心性論的重點不在自渡，成德者的心靈根本就是公器，對天下開放。

作用二：感人的作用。另外一點提得很多的心性作用，是真誠的心是可以感動人的。不管人世間怎樣沉重複雜，要堅持真誠的心，心的力量可以呼應同道，甚至可以號召四方君子百姓。

作用三：觀照的作用。《易經》也有提到心性有觀照能力，可以洞察自我內在的純正或私心。

作用四：靈動的作用。這兩卦也有講到，所謂本體心性不只是慈悲的、真誠的、感人的，不只這樣，心性不是笨笨的心性，大德者的心可以很靈活，因應人世的不同狀況而採取不同的策略，出手是精準的。

作用五：危險的作用。最後一種作用與其說是作用，不如說是《易經》的最後警語。《易經》提醒一旦心性發展太過，修行者姿態太高，有可能會引發種種的危機。第一，容易傲慢，修行由真變假；第二，容易招忌，被忌妒者攻擊；第三，容易過亢，陳義太高，別人不知道你在說什麼。事實上，《易經》的警告的深層意義是：中國文化是人間的文化，談修行還是要談得有點生活味，心性鍛鍊最終還是要回到人間，心的開發與作用最後還是要在我們這個地球道場上進行啊！

這就是《易經》提出的中國文化最早的心性論。也許不像印度佛學在工夫論、在修行法門上那麼繁多具體。但你不覺得這是體系恢弘、立論精微的心靈意見嗎？

從革、夬、師、明夷四卦
嘗試建構《易經》的革命圖像

前言：《易經》的成書背景與造反智慧

本文嘗試整理《易經》中關於革命或造反的圖像模型。也就是要討論《易經》的革命智慧。

這個問題與《易經》的成書背景有關。一般的說法，《易經》64卦的源頭是上古傳下的占筮資料，而穿越漫長的歷史時空，經過幾位大賢的整理編撰——一個厲害的編輯群，傳統的說法是所謂「人更三（四）聖」或「易傳三（四）聖」[1]的歷程，即成為今天《周易》的版本。雖然這個傳統的說法一直受到質疑與批評，但根據當代學者的判斷，至少「經」的部分，就是64卦的卦爻辭，編撰完成的年代不會晚於西周初期，而且跟商末周初的歷史經驗有著很深的連結[2]。既然原書名稱「周」，64卦的成書時間又不會晚於西周初期，意味著《易經》理當跟商周之際的歷史經驗有關。

記得商周之間發生過什麼的歷史大事嗎？武王伐紂！中國歷史中一場極重要的革命戰爭！這是一個中國歷史與文化發展的「蝴蝶效

---

[1] 「人更三（四）聖」或「易傳三（四）聖」的說法基本是：伏羲畫八卦，周文王推演成六十四卦，周公作卦爻辭，孔子作易傳。這是四聖的說法。如果將周公的工作歸於文王，就是三聖的說法。

[2] 勞思光的《中國哲學史》與朱伯崑的《易學哲學史》都持有相同的看法。請參《中國哲學史》第一卷頁29（三民書局，民國70年1月初版）與《易學哲學史》第一卷頁9。（三民書局，民國80年9月初版。）

應」[1]，商周之間的勝敗直接影響到後代歷史甚至到今天的文化性格與道路。因為商與周是兩個全然不同的文化體或意識形態集團，商周之間的對抗有點像是軍國主義與人文主義、巫術文明與理性文明之間的戰爭，假設當日是紂王打贏了，「蝴蝶效應」簡單的意思就是關鍵事件影響到整個體系的改變，那中國歷史就會走上一條全然不同的道路了。這個歷史關鍵事件的重要性與特殊性還不止此。筆者曾讀這段古代歷史，發現這場革命戰爭充滿傳奇浪漫的色彩！周文王去世後，周武王就積極準備跟商紂攤牌，但一直等到武王九年，才開始展開行動，會八百諸侯於盟津，卻發現時機還未成熟，於是觀望了兩年，等到武王十一年再度兵發牧野，結果殷商大軍陣前倒戈，革命之戰一戰而定，紂王在鹿台自焚而死[2]。比之後代，哪有改朝換代的戰爭那麼容易的！哪有戰機的掌握那麼神準的！加上文王囚羑里作周易，武王伐紂的賢能與風範，太公望的傳奇故事與百無禁忌，周公一沐三握髮一飯三吐哺的領袖氣度等等，這些「故事」都是記載在正史之中的，因此筆者認為從武王伐紂到西周初年，是中國文化的第一個浪漫時期。那《易經》怎麼記述與闡釋這場浪漫之戰的革命哲學呢？

筆者讀易的結果，發現64卦之中談革命哲學談得最完整的，是革、夬、師、明夷四卦。革卦提出革命理論圖像的大原則，夬卦是一篇最完整的革命實錄，師卦是補充，明夷卦是反論。至於這四卦的脈絡，就要稍稍說明《易經》的大體結構。

---

[1] 關於「蝴蝶效應」在歷史詮釋上的應用，請參考拙著〈當「幾微時中」遇上「蝴蝶效應」——「魔法片刻」之研究，一個東西方智慧交會的例子〉頁50至53。（鵝湖月刊422期，2010年8月出版。）

[2] 這段武王伐紂的歷史請參考《史記》中〈周本紀〉與〈齊太公世家〉。

基本上，《易經》的具體內容，就是指64卦。64卦中，第1、2卦乾坤卦是基本卦、基本原理卦或總綱卦。這兩卦比較是整體的談法。至於其他62卦，等於談62個人生問題，或者說從62個角度切入討論人生。62卦比較是局部的談法。進一步看更精細的結構，64卦的進行，基本上是兩卦一組，或綜或錯，成語錯綜複雜，出處就在這裡。綜卦是上下顛倒，錯卦是陰陽對反[1]；筆者的讀易心得，綜卦比較是因果性的關係，錯卦傾向是對反性的關係。那麼，本文要分析的革、夬、師、明夷四卦，四者之間完全沒有綜與錯的關係，這是筆者刻意打散64卦，嘗試尋找與建立跟「革命」相關的哲學、圖像與模型。當然，在一一分析這四卦的內容時，我們仍然會稍稍交代每一卦的綜錯背景，藉以幫助對內涵的了解。

那就從革卦開始吧。

革命圖像的序幕：革卦

革卦是64卦中的第49卦，革卦的主題就是談「革命」。但全卦的內容主要是討論革命時機掌握的問題，基本上這是理路比較簡明單一的一卦。只有到了最後兩爻，才點到了一個革命的重大原則與方向。倒是如果從更大的結構切入，可以先行看出這個重大原則與方向的精神。

從更大的結構觀看，「屯蒙革鼎」四卦是互為綜錯的──屯談出生，蒙講教育，革是革命，鼎指建國。屯講一個人或小我生命的出生，鼎講一個國家或大我生命的出生；蒙是一個人的教育或改變，革

---

[1] 綜卦與錯卦是明代來知德的易學術語，參考張其成主編《易學大辭典》頁398的「綜卦」、「錯卦」條。（華夏出版社，1992年2月北京初版。）

是一個國家、一個時代的教育或改變。所以這四卦的中心主軸是：一個人的成長與成熟，是轉變整個時代的根本與基礎。人治固然不可取，但國家或革命的領導人的是否成熟還是非常關鍵的。

回到革卦本身，九五爻說：「大人虎變，未占有孚。」意思說一個大成熟者蛻變得像百獸之王一般威皇恢弘，動靜合度，不需要依靠占卜，人格的感人力量已然昭信天下。革命家蛻變成大德者了！原來真正革命的含意是指生命內在的變化。上六爻也說：「君子豹變，小人革面。」意思說一個君子的生命成長變化如豹，文采斑斕，動靜合宜，至於小人的所謂改革，只是做做面子工程，做些皮毛的更動而已。

不管是九五的「大人虎變」還是上六的「君子豹變」都是指內在的改革或德性的成長。這裡的哲學理念是：成功的群體革命有賴成熟的個體品德，外王之前得先做好內聖的心靈改革工作，他愛之前先學會自愛。如果從一個改革者的角度出發，要革別人的命之前，先得革自己的命；要改變他人之前，先得改變自己；一個成熟者的革命才是真正的社會改革，一個不成熟者的革命往往只會塗炭生靈。

所以革卦拉開了《易經》革命圖像的序幕，丟出一個基本原則：成長者的內在革命或成熟人格，是所有革命、改革或社會運動的前提與基礎。

革命圖像的主結構：夬卦

如果說革卦是序幕，那夬卦大概就是《易經》革命圖像的主結構了。整個夬卦，根本就是一篇革命行動的實錄。

這是夬卦的卦體：乾下兌上。

卦象：乾卦是天，兌卦是澤。卦性：乾卦是健，兌卦是悅。

原文如下：

夬揚於王庭，孚號有厲，告自邑，不利即戎，利有攸往。

初九：壯于前趾，往不勝為咎。

九二：惕號莫夜，有戎勿恤。

九三：壯于頄，有凶。君子夬夬，獨行遇雨，若濡有慍，无咎。

九四：臀无膚，其行次且，牽羊悔亡，聞言不信。

九五：莧陸夬夬，中行无咎。

上六：无號，終有凶。

一、導論

64卦中，夬卦是《易經》的第43卦，夬卦的主題是「決裂」的智慧。事實上，夬卦根本就是一篇談革命、造反、與惡勢力對決的心得紀錄。

卦象是「澤在天上」──這是洪水決堤，水勢滔天的景象。象徵革命力量的升起。宋代程頤註解：「澤，水之聚也，乃上於至高之處，有潰決之象。」[1]

卦性是「健而悅」──革命剛開始很艱辛，但繼續挺進（健），會出現奮悅的結果（悅）。

〈序卦傳〉說：「夬者，決也。」〈雜卦傳〉說：「夬，決也。剛決柔也。君子道長，小人道消也。」所以「夬」就是洪水決堤的力量，這個卦講的就是正義力量與闇黑力量對決的一個卦。夬卦的卦體就是五個陽爻對決一個陰爻，也就是講一群君子與竊據最高位的小人

---

[1] 見宋・程頤《易程傳》頁288。（泉源出版社，民國79年3月初版。）

決裂的態勢，正道反對的勢力累積了足夠的能量，要一鼓作氣將竊據最高位的小人「決」掉。

從卦象、卦性、〈序卦傳〉、〈雜卦傳〉綜合來看，夬卦所討論的主題明確不二。

二、卦辭的解釋

夬卦卦辭揭示革命、造反的第一個大招數是「揚於王廷」。這是什麼意思呢？王鎮華先生說得好：

> 這是教人除陰的方法當如洪水決堤，不要用危險的公文告發，也不要用落人把柄的軍事行動，要在都邑的王廷，一次當眾如告天、告廟般隆重揭發出來。因為這不是為了毀滅別人，而是為了「決而和」。[1]

「揚於王廷」的高明就是在公開場域、權力中心（王庭）揭發惡勢力，利用群眾的力量壓制，讓當權者不敢耍陰或亂來，因為當權者為免落下秋後算帳的污名，反而要保護公開批評他的人。所以私下談、發E-Mail、講電話等等都不是好方法，公事公決，輿論常常是最好的保護。套句武俠小說的行話：最危險的地方往往就是最安全的地方。

卦辭講的第二個原則是「不利即戎」，意思就更清楚了，《易經》不鼓勵武力，在革命行動中最好不要使用暴力的手段（即戎）。

---

[1] 見王鎮華《黃河性情長江行》。（允晨文化。）

這跟民主時代示威遊行的非暴力理念不謀而合，非暴力原則確是民主抗爭的核心價值。舉一個例子，發生在今年（2014）台北的「太陽花學運」中攻佔行政院事件是一個錯誤的行動，哪怕從兵法的角度來說也是「昏著」——一方面分散了實力，也讓學運的聲勢從輿論一面倒的支持到稍稍向天秤的另一端傾斜，而且也讓政府有了動用警力的口實，結果是政府與學運兩敗俱傷。

卦辭的最後一個原則對民主革命來說可能是最重要的——「利有攸往」。攸是所的意思，利有攸往就是利有所往，就是說革命與抗爭要有自覺要去的方向、目標與理想！革命絕對不能是盲目的暴力。

綜合看卦辭的三個原則，前兩個其實是革命的「技術／招數」，最後一個才是是革命的「精神」。整體而言，64卦的卦辭都傾向提出所討論問題的基本精神，像夬卦在卦辭裡就有著那麼多的革命「技術指導」，也是不多見的情形。

三、爻辭的解釋

爻辭進一步大大著墨革命行動的經驗與實況。

初九說：「壯于前趾，往不勝為咎。」趾就是腳的大拇指，夬卦的初爻就是「大腳趾的強壯」。意思是說前行的力量必須壯大（壯于前趾），但第一次行動如果不勝（往不勝），就不太妙了（咎）。也就是說，革命行動要珍惜第一仗。夬卦初爻鼓勵前進，如果該贏的第一仗輸了，影響士氣就大了。首勝是很重要的。一般來說，初爻多以保守為原則，但夬卦初爻就鼓勵進取，因為這是革命。

第一次行動取得成果，接下來就要提防陰的勢力玩小動作。九二：「惕號莫夜，有戎勿恤。」翻譯成白話，就是：要發出警惕的號

令（惕號），一直到深夜（莫夜，莫就是暮）都不敢鬆懈，只要有所防範（有戎）就不用擔心了（勿恤）。小程子說：「內懷兢惕，而外嚴誡，號雖暮夜，有兵戎，亦可勿恤也。」[1]所以這一爻是說在革命的過程裡，得提防別人耍種、玩陰。夬卦談造反之道，是充滿戒慎憂患的一卦，所以爻辭都講得比較嚴重，對抗惡勢力不是開玩笑的。當然，反對玩陰的動作對雙方來說都是成立的──不玩小動作的政府是比較大氣的，不玩小動作的運動是比較純真的。

　　到了九三爻比較是在描寫一個革命者孤獨的「實況」。原文是：「壯于頄，有凶。君子夬夬，獨行遇雨，若濡有慍，无咎。」翻譯成白話，意思就是：不平的盛氣寫在臉上（壯于頄），會有凶險（有凶）。一個君子決定去除惡勢力（君子夬夬），要有獨行險路的勇氣（獨行），而且一定會遇到挫折（遇雨），既然決定下水，就不要怕被弄濕（若濡），過程中難免會有情緒（有慍），這都是沒有關係的（无咎）。《易經》告訴革命者：行動要放在心裡，不要寫在臉上，以免被敵方覺察。當然現在的公民運動也許沒那麼凶險，但革命領袖要懂得謙虛，理直氣和，做人低調，在媒體面前總是能贏得更多的同情的。《易經》也勉勵革命領袖們要有千山我獨行、心事誰人知的心理準備，開始發動，不要商量，做就對了，要有不要吭氣的擔當，革命道上的風風雨雨，都是小意思。革命者的氣質與身姿必然是孤獨、沉著、勇敢而直接的。

　　九三爻描寫一個革命者的孤獨，九四爻則在講革命道路的凶險。原文是：「臀无膚，其行次且，牽羊悔亡，聞言不信。」翻譯成

---

[1]　見宋・程頤《易程傳》頁291。（泉源出版社，民國79年3月初版。）

白話，意思是：屁股沒有肉（臀无膚），走起路來很困難（其行次且），革命道上最珍貴的陽剛生命力被牽走了（牽羊，指純真浪漫的革命初衷嗎？）卻不懂得後悔（悔亡），連同夥之間講的話也變得疑懼不信（聞言不信）。所以這一爻是講革命道路上會發生難行、折損、失去方向、而且敵友難辨的波折。革命道路的重重凶險，在這一爻全數表現出來了。

夬卦的九五爻提到革命的目標在惡勢力的拔除。原文是：「莧陸夬夬，中行无咎。」莧是馬齒莧之類的叢生植物，特點是一群一群的生長。陸是土塊。意思就是革命到了最後對決的階段，要下定決心將惡勢力連根帶土一起挖掉，不要手軟（莧陸夬夬），只要是依著純正的心去做（中行），就不會有太過份的問題（无咎）。

最後到了上六，這是夬卦唯一的一個陰爻，傳統註家的解釋就是代表竊居高位的首惡。這一爻的原文是「无號，終有凶。」有兩層意義：

（1）在朝的領袖聽不到人民的呼號痛苦（无號），當然會出現凶險的災難。

（2）革命的領袖最後發不出正大的號令（无號），革命的方向逐漸變質，老百姓開始不聽你的，當然也會有災難發生。

看來，純正的方向、目標與理想始終是最、最重要的革命之魂！欠缺正大的共識與號召，另一個充滿危險性的東西起來取而代之了，就是：固執。固執比自私更危險，在自私之中，人的良知至少知道自己謀其實是政黨或個人利益，但固執讓更人盲目，固執讓我們侷限在自己的觀點，固執讓人很難去質疑自己相信的東西。

綜合卦爻辭的內涵：整個夬卦關於革命精神與理念的部分，只提

了一點，就是必須要有清楚、明確、正大的革命目標與號召（卦辭的「利有攸往」與上六爻）。事實上，夬卦提得最多的，是革命技術指導與革命現場紀實。所以筆者才說這根本是一篇革命實錄。

革命圖像的補充：師卦

師卦的綜卦是比卦，師卦的主題是「群眾運動」，實質上是討論一個人VS一群的人問題，就是「領眾」的問題。比卦的主題是「人際關係」，實質上是討論一個人VS一個的人問題，就是「親比」的問題。

師，這個字的本義實際上是指軍事單位——2500人為一師[1]，引申義就是指一群人，師卦進一步引申成群眾運動的問題。基本上，群眾運動是不得已的選項，是危險的，容易失控的。而革命、社會改革當然也是一種群眾運動，所以師卦的卦爻辭自然而然的有談到革命的問題。比較起來，師卦的革命圖像沒有夬卦那麼完整，卦爻辭談及的內容，部分與革、夬卦有所重疊，當然也有提出新的見地，所以我稱為「補論」。

首先是卦辭：「師，貞，丈人吉，无咎。」丈人就是大人[2]，就是大德之人。這句經文翻成白話就是：群眾運動，方向要正確，如果是大德者去領導，是好的，才沒有問題。所以師卦卦辭的內涵與革卦的「大人虎變」、「君子豹變」是接近的，指領導者的成熟人格，是所有革命、改革最基本的前提。

---

[1]　見《說文解字注》頁275。（黎明文化，民國69年10月五版。）
[2]　見屈萬里《讀易三種》頁66。（聯經出版，民國72年6月初版。）

　　初六與六四基本上是夬卦的補充。夬卦九二說警剔的號令一直到晚上都不能放鬆，師卦初六也強調紀律對革命行動的重要：「師出以律，否臧，凶。」翻譯成白話文就是必須以律令行師率眾，做不好（否臧），糟透了！行軍領眾的第一個條件：紀律，嚴明的號令與紀律（師出以律）。因為群眾是很危險的，紀律的存在就是為了避免失控的危機。所以接著六四再度申明：「師左次，无咎。」「左次」是什麼意思？兵家尚右，故以左為退；次是駐紮群眾或軍隊超過三天（不是有點像318學運長期留在立法院抗爭嗎）[1]。所以六四爻是說讓群眾退回來休整，沒有問題的。四爻強調群眾運動要有退場的能力與機制，群眾一動用，要能夠「控制」，能進能退，這是大學問。也就是說，師卦這兩爻與夬卦九二同樣在強調紀律的必要性。

　　但師卦也有提到夬卦沒注意的情形。九二說：「在師中吉，无咎。」就是告誡運動的領袖不必太早出頭、曝光，懂得隱藏在群眾之中是安全的、聰明的（在師中吉），避免被當權者棒打出頭鳥。愈是在極權的國家，愈要小心這一點。六五則說：「長子帥師，弟子輿尸，貞凶。」翻譯成白話文就是長子率領部隊，又派其他兒子帶著神主牌（輿尸，精神號召的意思）[2]，號令不一，正道危險了！六五爻警告群眾領袖千萬不要多頭馬車，不要搶著出風頭。當權者已經在虎視眈眈了，運動內部別再給敵人可乘之機。

　　整個師卦，同樣提到自我改革是真正重要的。至於革命的「技術」，有重疊夬卦的部分，也有提出新的看法。

---

[1]　見屈萬里《讀易三種》頁69。（聯經出版，民國72年6月初版。）
[2]　同註1，頁485。

革命圖像的反論：明夷卦

　　我們假想兩種可能性：第一種，革命時機還未成熟，還不到動手的時候，整體環境卻愈來愈嚴峻，氣壓愈來愈低，也就是說真正事件爆發之前反而處處充滿危險，那怎麼辦？第二種，革命失敗，當權者秋後算帳，又怎麼辦？筆者認為，《易經》的答案就在明夷卦裡，兩種可能性，一個答案，就是：跑！

　　明夷卦是64卦中的第36卦，這是談「衰世」的一個卦。明夷卦的內容充滿末世的景象，〈序卦傳〉說：「夷者，傷也。」〈雜卦傳〉說：「明夷，誅也。」又是受傷，又是好人被誅，真是凶險的一卦。事實上「夷」就是傷的意思，明夷就是光明的力量受傷。卦象是「明入地中」，就是落日或明滅的意象。

　　初爻就要我們跑路，而且要跑得不動聲息。初九說：「明夷于飛，垂其翼；君子于行，三日不食。」飛鳥在天空飛行，竟然被箭射中，翅膀受了傷垂下來，又像一個君子覺察到時機不妙，立馬走，官也不做了，三天都來不及吃飯，晚了生怕跑不掉。這是一個避禍的景象，很狼狽！也走得很果決。

　　如果跑太慢跑不掉了，就是六五說的：「箕子之明夷，利貞。」箕子是紂王的叔父，箕子的名望、地位、才幹都足以威脅到紂王，又沒像另一個商朝大賢微子跑得快，他只好裝瘋避禍！古書稱為「披髮佯狂」[1]。裝瘋、裝壞胚子，歷史上許多厲害的腳色都用過一招，歷史也真不缺明夷的時代。

---

[1]　見屈萬里《讀易三種》頁224至225。（聯經出版，民國72年6月初版。）

上六的警告更嚴重：「不明晦，初登于天，後入于地。」亂世來了！還不懂得養晦避難，剛開始或許跩到天上去，最後重重的摔下來死翹翹。這個叫白目招禍。

倒是六二爻留下了一個「退中藏進」的智慧：「明夷夷于左股，用拯，馬壯。」環境艱險到左大腿中箭了，當然走，行動上是避禍，但心態上可不是認輸，不會因為一些些小傷就軟弱，心志上還是進取的（用拯）[1]，遠退是為了存儲更強大的生命力（馬壯）。這一爻是講一個硬漢子在明夷的時代的心情寫真。

看來明夷卦是一個講跑路、受傷、避禍、裝瘋、低調的智慧的卦，但在低調的姿態後面卻始終準備著一顆不放棄的心。而對於革命圖像而言，這是一個反論或稱為跑路機制。

《易經》的革命圖像與理論

文章最後，根據對革、夬、師與明夷四卦的分析，透過白話文，筆者嘗試描繪出《易經》的革命圖像與理論如下：

《易經》的革命圖像可以分作四個層次討論。

第一層：人格——革命家第一個的革命對象就是自己。

不管是革命、造反或社會運動，我們可以這樣說，成熟人格或內在蛻變絕對是最重要的革命資產。要革別人的命之前，先得革自己的命；要改變他人之前，先得改變自己。從小地方說，內在改革包括改掉偷懶、拖延、軟骨、衝動、牽托、背諾……等等小毛病，真正的革命其實總是從性格的小弱點開始做起；從大方向說，變化氣質、鍛鍊

---

[1] 見屈萬里《讀易三種》頁535至536。（聯經出版，民國72年6月初版。）

心性，讓自己成長成大成熟者，才配得上搞革命。只有大德者的革命才是真正的革命，冒險家、陰謀家、政客的革命都只是在玩火。

第二層：目標——革命要有自覺的方向與奔赴。

革命抗爭與社會運動要有自覺明確的方向、目標與理想！革命絕對不能是盲目的暴力。革命目標是很重要的。純正的方向、目標與理想是最重要的革命之魂！沒有正大目標與號令的革命，等於是失去靈魂的暴行。

第三層：技術——革命行動必須要有層次與策略。

技術層面的兩個大招數是公開原則與非暴力原則。革命不是私怨，是公義，反對在上位者的倒行逆施，要透明公開，當眾揚告反而是最安全的策略。盡量不要動用武力是基本綱領，武力是最不得已的下策。

至於其他的行動必須要有謀有序，像——第一仗必須贏，這是士氣問題；首勝之後必須建立紀律，有了紀律，才有防範，才不怕對方搞小動作，進一步有了紀律，革命團夥才擁有退場的能力，在行動中進退自如，這是基本機制；接著《易經》告誡革命領袖：行動要放在心裡，不要寫在臉上，以免被敵人覺察，革命領袖要懂得謙虛、沉著，做人低調，而且要有忍耐孤獨與面對困境的勇氣，因為革命道路上必然會發生難行、折損、失去方向、敵友難辨的波折；所以謹慎行動是帶領群眾的必備素養，必須步步為營，領袖們不要太早出頭，懂得隱身在群眾之中是聰明的，而且切忌發生多頭馬車的內部分裂，以免給當權者可趁之機；冷靜觀察時機成熟，等到戰機一旦出現，就不要手軟，一舉拔除造成革命發生的惡勢力，只要用中道行事，就不會有太過份的問題。

　　第四層：退路——逃跑是為了回來。

　　《易經》的革命圖像最後說要為革命行動準備一個B計畫——逃跑。如果時機未到，氣氛險峻，或者行動失敗，局勢不妙，那就先逃吧，不只逃，而且要逃得明快！逃得果決！當然，逃不是為了逃避，而是為了回來，準備更強大的生命力回來。

第四章

人間易

大壯卦談核心的力量

「壯于大輿之輹。」

輿，車也。輹指馬車的輪軸，也就是輪子的核心。因為輪子的核心是車體結構最重要的關鍵，車軸壞了，整部車輿就不能前行了。但車軸又是受力的中心點，最容易破損，所以車軸必須打造得夠強壯，這部人生大車才能順利前行。「壯于大輿之輹」的深意就是：要在生命核心處強大，要在人生最關鍵的能力上強大，要在內在的實力上強大，要在生命之軸處強大，要在生命之舵上強大——軸OK了，車子就可以走了；舵OK了，船就可以航行了。相反，如果軸壞了，車子就走不動了；舵故障了，船就迷航了。

所以這一句《易經》講力量用對地方，力量必須用在生命的核心，我們必須學習建設中心力量。

如果更深一層思考，生命的核心力量是什麼？我想就是指心的力量、心靈的力量罷。

因為心的強大，才是真正的強大；心靈的修養，才能成就真正的偉大。心靈力量是無形的，但往往能被打造成一件攻無不克的良兵利器。事實上，在人生的濁世洪流裡，我們唯一能倚仗的就只有我們的心，而唯一不會被打敗的，也是我們的心。所以「壯于大輿之輹」的真正含意，就是指修養強大的內在力量。

飽經風霜的張學良曾經對日本的年輕人說：不要相信暴力，歷史已經證明，暴力不能解決問題。

克制暴力、控制力量的濫用，是心的修養。溫和，當然也是心的

修養。

暴力不能解決問題，心，可以。

蒙卦講老師的愛

蒙卦告訴我們：原來老師的愛應該是被動的。

常用來形容老師的愛的兩句話：春風化雨、秋雲始見。

春風是輕柔的，春風是不強勢的。

秋季的第一朵白雲飄出來，碧空萬里，他只是讓你仰望，白雲是不說話的，白雲絕對不會強迫你，他只會用清朗感動你。

這才是真正的老師。

蒙卦說：「匪我求童蒙，童蒙求我。」

不是老師求學生接受教育，而是學生求老師教他呀！這是基本態度，一個學生如果不去主動求教老師，就代表他還沒準備好，本身沒準備好的學生是怎麼學都不會學好的。深層理由就是尊重學習者的「自發性」，自發性的時機未到，老師硬要教，學生抗拒學，教了也學不會。相反的，懂得尊重生命成長的自然節拍，等到自發性出現了，學生主動問，老師再用心教，學習的效果才真會給力。所以當老師的不要擾亂學生的學習節奏，從這個角度看，老師的立場應該是被動的，真正的老師只教準備好、要求學的學生。

噬嗑與賁二卦所講的人性秘密

泡《易經》泡了二十幾年了，當然讀不通的地方還是頗多的。我

對「通」的要求比較高，文字、註解、知識上的理解不叫通，必須要在人生經驗或真理傳統上能有所呼應的，才是真通。

「噬嗑與賁」這一對卦的組合，就是我一直沒有完全搞懂的一點。

基本上，《易經》的結構是兩卦一組，譬如「乾與坤」講理想與現實，「咸與恆」講感性與理性，「晉與明夷」講盛世與衰世，「既濟與未濟」講完成與未完成等等，都很好理解。但「噬嗑與賁」很費解？

噬是咬，嗑是上下排牙齒切齊。所以噬嗑就是咬斷。這是一個講「決斷力」的卦。

賁是《易經》談藝術、美感、審美經驗的卦，就是《易經》的藝術概論。

那決斷力與美有什麼關係呢？

我終於在昨天從一個朋友的情感困擾中讀懂了這一個人性的秘密。

原來美、藝術、浪漫、人與人之間沒有界線、天真、純粹、渴望愛、孩子氣是一種性格傾向。

相對的決斷力、明快、理性、強勢、對界線敏銳、善於切割是另一種性格的傾向。

在一個生命沒有成熟到成為覺知者或大德之士之前，通常是一面強，另一面弱；一面完整，另一面不完整。所以一個決斷力強、性格明快的人通常比較不夠細緻與柔軟，而一個愛美與溫柔的人通常容易猶豫不決。我的朋友比較是屬於後者。

我的朋友，你知道我在講你嗎？你知道這篇貼文是為你而寫的嗎？

當然，透過修行與成長，一個決斷力強的人可以學習到細緻溫柔，一個天性愛美渴望愛的人也可以學會果斷明朗。

　　我嘗試將這兩個卦圖像化：美與善良的能量式樣像水波紋，流啊流啊，不會中斷，很悠遊，也很緩慢，而且沒有分界。

　　決斷力的能量式樣像切菜，一刀一刀下去，都面臨到食材厚薄大小的問題，都是刀工，所以切菜每一記下刀都是決斷力的考驗。

　　我的朋友，你的心靈狀態像悠悠流水，但你不會切菜呀！至少在情感問題上，你的刀工拙劣。

　　我的朋友很可愛，他是善良上的巨人，卻是情感上的弱者；在情感上當斷不斷，往往會製造漫長的靈魂折磨。

　　二十幾年之後，我終於讀懂了「噬嗑與賁」的人性秘密，不是從《易經》，而是從朋友的情感經驗。但《易經》也有夠厲害的，可以那麼深刻的穿透人性之秘，而且一直穿透到現代人的問題之中。

　　我的朋友，學學切割，切割有時不是殘忍，它可以是一門藝術，在生命大廚的掌中。

　　不是嗎？

　　擁有決斷力的美與善良是一種壯美！

　　有著美與善良支援的決斷力也可以不是無情。

　　朋友，與你共勉！

復卦五爻「敦復」的自我反省

　　復卦講內在力量的恢復。

　　敦是厚的意思。

　　敦復就是深厚的恢復。

　　什麼才是深厚的恢復？

《象傳》說：「敦復无悔，中以自考也。」翻成白話：生命經歷真正深厚的恢復才不會後悔，中、壯年之後，我們的內心仍然懂得自我考察、反思、調整自己的錯誤，當然是生命厚度的表現了。

原來，成熟之後最珍貴的能力就是反省自己。而不是批評別人。

內在之劍永遠指向自己！

自我批判是最強大的勇氣！

別人的錯誤不需要我們去管去說。

將生命的力氣拉回來，拉回中心，去看見自己、擁抱自己、扭轉自己。

親愛的朋友！原諒我的老師習氣、傲慢、軟弱、自我、情緒化……

其實，我不是真正需要朋友的原諒，而是需要自己的。

當然，如果你願意給我支持，

感謝你！

大過卦談「顛倒」

大過講的是一個大過失的時代，《雜卦傳》說：「大過，顛也。」一個顛倒的時代，不就是講我們今天的世界嗎？經濟開發比環境保護重要、享樂比健康重要、金錢比心靈重要、罩杯比內在重要、口號比內涵重要、愛作怪比老實做重要、賺錢比快樂重要、考試排名比親子情感重要、形象包裝比真正實力重要、選票考量比國家發展重要、職業訓練比人格養成重要、功利主義比文化宏觀重要。這不就是一個價值觀嚴重顛倒的時代嗎？

聯想下來，從顛倒到正常，我覺得有五種正常的「先後」（請注意，我用的是先後，不是用優劣或重要不重要）：

1.內先於外。

2.質先於量。

3.實先於名。

4.心先於腦。

5.自愛先於他愛。

也就是說～～～～

1.內在成長是人間成就的基礎。

2.品質的經營先於行銷的考量。

3.實力是名氣的母親。

4.心靈是頭腦的主人。

5.學會對自己好（內聖）是學習對他人好（外王）的基地與源頭。

人永遠要先學會對自己好。

但這個時代嘛，都顛倒了。

同修們加油共勉！小心維護這五種「先後」。

震卦談心靈大動作

震卦是講「動」的一卦。

你知道人間最大的動作是什麼嗎？

震卦卦辭很好玩，講一個主祭者在祭祀時，忽然天雷震動，震驚百里，但主祭者沉著鎮定，手上的取酒器（匕）與取酒器中的香酒（鬯）紋風不動，一點都沒打翻──「震驚百里，不喪匕鬯。」大自

然威力的驚天動地是大動作，而內心修養的寂天寞地也是大動作，用心靈的大動作面對天地的大動作，可見震卦講的「動」是一種有著更深沉意義的動、講一種內在力量的爆發。（重複）

人間最大的動作就是拿著批判的刀鋒指向自己。

修正自己與反省自己，這是最浩瀚的大動作。

反省，就是內在心靈的震驚百里。

同人卦的主題：一體性

同人卦寫過幾次了，終於清楚，同人卦主要是在講「一體性」的問題，善與人同嘛。一體性就是太極、道、大慈悲心、愛。讀這個卦的感想，了解到一體性是有高低層次的：

1.最終極的層次當然是與真理一體囉。

2.能夠與危險的曠野叢林共存一體，境界也是很高的。

3.再下來是與比較溫和的大自然一體。

4.再下來是與人群同甘同苦同心同德。

5.再下來是生命的志高情真，與任何人都容易沒有人我的隔閡。

6.再下來是只能與同宗同黨同一個族群一體。

7.再下來是只認識自己的體驗與世界，用自己的世界硬套別人的一體。

8.最糟糕的一體性是用武力同人（宰制人）。吞沒他人的生活叫專制，專制是自私的擴張，是最快也最假的人際溝通。面對這種假一體，最好的方法就是「懸崖勒馬，放下刀子」。

易經的「藝術概論」：賁卦

賁卦談形式、藝術、美感、裝飾等問題，可以說是易經的「藝術概論」。賁卦寫過專文了，但剛剛重讀，覺得可以將卦、爻辭的重點整理下來，可是一篇很好的上古藝術心得報告。

卦辭：
形式、裝飾是小道，要有自覺的方向。
形式一定不是主人。

初九：
基本的裝飾就是放棄過多的文明，回到質樸的實踐。
基本功、幼功、築基、傻勁的重要——拼命寫、發瘋畫、捨命練……

六二：
形式的美應該是被動的。
內容帶動形式是藝術鐵律。

九三：
形式的正——剛剛好、不過火的裝飾。

六四：

總結藝術三大原則──

1.心地的潔淨，2.技巧的敏捷，3.形式不能搶奪內容。

六五：

技巧愈少功力愈高。

野性的能量與美。

簡單的功力。

上九：

白賁──無色之色。

裝飾的極致就是一點也不裝飾。

全然不受形式束縛。完全掙脫形式與技法。

藝術的留白。

後記：

上面短文列的是原則，其實每一個原則都可以寫一篇論文。

我幾乎都是用白話文寫，只是為了方便參考，其實真正厲害的是

古文──壓縮性文字。請自行去找易經原文看。

一段關於《易經》復卦的生活經歷

從八月底決定退職後，我的生活彷彿進入一段「神奇歲月」。

先是密集寫作，創作慾旺盛，同時進行《網路哲學》、《易經要你好

看》、《老子與我》、《電影符號》等四、五本書的寫作。接著大約在九月開始，我清晰、敏銳的感應到「靈氣」的存在，這段「敏感時期」約維持了一個半月的時間；《論語》記載孔子的心愛學生顏回「三月不違仁」，停留在靈性的高峰期，我的時間約是顏回的一半，然後我清楚感知到「靈性」像潮水一般慢慢的消退、消退。也是在同一段歲月裡，很神奇的跟一群大學老同學接上線，集體能量突然爆炸起來。跟著整體的人際關係愈來愈好，跟原來的路人、有疙瘩的人之間忽然間都能夠「冰釋」了。隨著十一月的活動愈來愈活潑，覺知的高度感到提升，甚至於在昨天竟然讓我意外的找到了一本我找了好多年的小說！

《易經》復卦上說：「朋來無咎，反復其道。」意思是說人生的歷程嘛，經常是好能量／好事情／「好朋友」密集的連續出現一段時間，同樣的壞能量／壞事情／「壞朋友」也會密集的連續出現一段時間，然後才會變化。事實上，復卦是在講能量發展的態勢，生命的能量也有成住壞空，會有發展與衰老的階段，但如果「覺知」加進去，就可能影響能量的品質了。不管面對的是好朋友還是壞朋友、好能量還是壞能量，都可以是真理的學習與鍛鍊啊！這就是「朋來無咎，反復其道」的涵義。當然，覺知的能力愈來愈高，也會影響到外在事態發展的運作順逆。

我不知這段「神奇歲月」什麼時候結束，但它一定會結束，但《易經》說沒有關係，不管人生順逆、能量好壞，反反覆覆都是道的身影呀！

讀睽卦的一點心得

人生充滿「挫敗中的正能量」。睽卦初爻說「喪馬，勿逐自復。」

一時失去陽剛的生命能量，不用去追逐，它需要沉澱的時間，然後會自行回返的。

在更年期（男、女生都一樣）失去的能量，會回來的。

在情傷、分離中失去的能量，會回來的。

在生病、受傷中失去的能量，會回來的。

在失敗、痛苦中失去的能量，會回來的。

在鬱悶、低潮中失去的能量，會回來的。

靜靜看著能量潮水的失去與消退，愈不著急，愈不預期，心境愈空明透亮，它捲湧回來的能量態勢愈會迅速愈陽剛澎湃。

冬至是一年之中能量最敏感的一天

從客觀體系來說，今天是《易經》的開始，冬至日是周朝人的大年初一。

《易經》就是《周易》，周朝人過年不在一月，而在十一月。

十一月是「復卦」，一陽來復，出入無疾，復卦代表生命的復甦與重生，冬至日是反省日與大吉祥日。

今晚十一點子時靜坐、反思一年的得失、做些靜態的靜心、或聽聽音樂沉澱一下，會感到能量特別的敏感，心神特別的覺知與細膩，

會好運啊！還有還有，不要忘記抱抱你心愛的人，在一年之中能量最
為敏感的子時。

今天不宜：驚嚇、亢奮、動土、遠行、對抗。

總之，冬至日是能量很敏感的一天，有點像基督教彌賽亞日的觀
念。以前看過一部老片《火戰車》，裡面的基督徒拒絕在週日參加奧
運決賽，就是這個概念。冬至日是跟愛、覺知、道、上帝、寧謐、內
心在一起的日子。

如果將冬至日的觀念活用到其他人生的日子裡，就是「活子時」
的生活功夫。

一陽來復，一回來，就是一切回來。

好好感受這個，一。

感受「一」的力量。在冬至。

略談《易經》的大氣與真心

《易經》四卦德是「元、亨、利、貞」。

元就是大氣、壯大的人格力量。

而大氣的根柢在，真心。

真心對人，是一種勇氣，是一種見真章。

真心對人，自然大氣，自然慷慨，自然不計較。

做事助人，不著痕跡；但待人處事，有情有信。真心才見大氣魄。

前者是無為無形，後者是有情有信。

王鎮華老師說反過來就是工商社會。

蘇軾句：「人似秋鴻來有信，事如春夢去無痕。」

　　「人似秋鴻來有信」是有情有信，「事如春夢去無痕」是無為無形。

　　真心對人好才能好人做到底，真心對人好才會不在乎對方的回報。

　　真心，才能大氣；大氣，是因為真心。

姤卦談如何與黑暗力量周旋

　　剛長出來的惡其實沒有那麼惡，剛剛出現的小人事實上也沒那麼小人；面對這些「小壞蛋」，與其打壓，不如跟它們做朋友。

　　姤卦是一個討論「懷柔」與「包容」的卦。

　　注意！懷柔、包容不是縱容，而是一種更靈活、順勢的實行理想。

　　姤卦告訴我們對剛冒出來的小人、負面勢力、壞習性，不能用取悅、討好、放縱，但也不能用否定、打壓、對抗與攻擊。一個成熟的君子面對「陰」的力量懂得更善巧、靈活的去與它周旋、對話、承擔甚至誘導。總之，面對「陰」，孤高與討厭都不是好態度，真正成熟的胸懷必然能夠擁抱負面，與陰影共舞。

《易經》的四個很

　　人生可以很深刻，真理、文化、生命原理確實有它高深的一面。

　　人生也許很複雜，想想看從小到老咱們要學多少東西。

　　人生也能很簡單，通過努力、行動、經驗的歸納與穿透。

　　挖掘人生的深度。

　　擁抱人生的廣度。

活出人生的力度。

廣度是現象的學習，《易經》稱為「變易」，意義接近混沌學的 Chaos。

力度是行動的學習，《易經》稱為「簡易」，混沌學稱為Order Out Of Chaos。

深度是真理的學習，《易經》稱為「不易」，從混沌學的角度是 Order To Truth。

很複雜，《易經》是The Book Of Change。

很簡單，《易經》是The Book Of Easy。

很深刻，《易經》是The Book Of Truth。

深度讓靈魂高貴。

廣度教人生靈活。

力度卻激發行動。

也就是說～～～

人生可以很深刻，

人生可以很複雜，

人生也可以很簡明。

如果你能同時抓到這三個層面。

你的人生就可以很整體。

《易經》64卦原文與白話提要

☰ 一、乾　　乾下乾上

乾.元亨利貞.

初九.潛龍勿用.

九二.見龍在田.利見大人.

九三.君子終日乾乾.夕惕若厲.无咎

九四.或躍在淵.无咎.

九五.飛龍在天.利見大人.

上九.亢龍有悔.

用九.見群龍无首.吉.

☯白話提要

卦辭：不斷成長、創生的生命接近完美──四卦德皆備。

元　大　　壯大人格──不要小鼻子小眼睛。

亨　通　　溝通能力──人與人之間通不通是很重要的。

利　利　　長遠利益──長遠利益vs短視近利。

貞　正　　真正利益──1潛力得到發揮。

　　　　　　　　　　　2不用自己的正批評他人的正。

初九：1.反浪費（儲備力量）。

　　　2.反危險（避免受傷）。

九二：耕耘者的志氣。

九三：格訓練自己──進德修業。

九四：剛出社會，劍試新鋒。

九五：人才是真正的關鍵。

上九：自我膨脹的後悔。

用九：不需要老大的真正平等——真正的太平世。

☷ 二、坤　　坤上坤下

坤.元亨.利牝馬之貞.君子有攸往.先迷後得主.利西南得朋.東北喪
朋.安貞.吉.

初六.履霜.堅冰至.

六二.直方大.不習.无不利.

六三.含章可貞.或從王事.无成有終.

六四.括囊.无咎无譽.

六五.黃裳.元吉.

上六.龍戰於野.其血玄黃.

用六.利永貞

◉白話提要

卦辭：1.堅韌的行動力。

　　　2.自覺的人生方向。

　　　3.從迷失學習覺知。

　　　4.回到生命基地。

初六：「漸積」之道。其來有「漸」。

六二：直率＋原則＋宏大，而且不執著。

六三：飽含豐美的生命本質，奔赴王道事業；文化大工程沒有完
　　　成的時候，但每代人的壽命都有結束的一天。

六四：感受到整個時代的壓力，不隨便講話。

六五：中＋謙。

上六：意識形態的戰爭。

用六：堅持正道──陰柔最怕偏邪軟骨。

䷂　三、屯　　震下坎上

屯.元亨.利貞.勿用有攸往.利建侯.

初九.磐桓.利居貞.利建侯.

六二.屯如邅如.乘馬班如.匪寇婚媾.女子貞不字.十年乃字.

六三.即鹿无虞.惟入于林中.君子幾.不如舍.往吝.

六四.乘馬班如.求婚媾.往吉.无不利.

九五.屯其膏.小貞吉.大貞凶.

上六.乘馬班如.泣血漣如.

☯白話提要

卦辭：初生生命生命力是最飽滿的。先培養大格局，不要急著
　　　上陣。

初九：不急著動，站好立場，培養大格局。

六二：不要搞排場，忍得住長時間自我鍛鍊的等待，不要「用
　　　世」。

六三：沒有前輩的指引，卻迷失在叢林中，君子要知機，立即放
　　　棄退出來。

六四：力量比較壯大才可以擺出姿態，主動與人握手。

九五：初生的生命力量像油膏，小小的正用是好的，太過頂正就
　　　凶了。

上六：搞出大排場，流血流淚流不完。

䷃　四、蒙　　坎下艮上

蒙.亨.匪我求童蒙.童蒙求我.初筮告.再三.瀆.瀆則不告.利貞.

初六.發蒙.利用刑人.用說桎梏.以往吝.

九二.包蒙.吉.納婦吉.子克家.

六三.勿用取女.見金夫.不有躬.无攸利.

六四.困蒙.吝.

六五.童蒙.吉.

上九.擊蒙.不利為寇.利禦寇.

☯白話提要

卦辭：教育基本原則──1.自發性，2.實踐性，3.正大。

初六：發蒙階段──用處罰，用理論，都不對。

九二：包蒙階段──包容年輕生命的莽撞剛強。

六三：勿用取女──小心不要毀掉學生的主動性與主體性，。

六四：困蒙階段──開始獨學的不知何取何從。

六五：童蒙階段──像小孩子一般天真柔軟，成熟的童蒙。

上九：擊蒙階段──出師！影響他人能力還不足，自己的方向與
　　　　　　　　定見卻已清晰。

䷄ 五、需　　乾下坎上

需.有孚.光亨.貞吉.利涉大川.

初九.需於郊.利用恆.无咎.

九二.需於沙.小有言.終吉.

九三.需於泥.致寇至.

六四.需於血.出自穴.

九五.需於酒食.貞吉.

上六.入於穴.有不速之客三人來.敬之終吉.

☯白話提要

卦辭：處理慾望四大原則——

　　　一、真實。二、拉大來看。三、正用。四、關乎大事。

初九：保持距離，永續使用。

九二：稍稍加強，有點難行。

九三：泥足深陷，災難來了。

六四：付出生命的代價，趕快爬出苦穴。

九五：準確。

上六：集體墮落。

六、訟　　坎下乾上

訟.有孚.窒.惕中.吉.終凶.利見大人.不利涉大川.

初六.不永所事.小有言.終.吉.

九二.不克訟.歸而逋.其邑人三百戶.无眚.

六三.食舊德.貞厲.終.吉.或從王事.无成.

九四.不克訟.復即命渝.安貞吉.

九五.訟.元吉.

上九.或錫之鞶帶.終朝三褫之.

◉白話提要

卦辭：訴訟，一定有真相，案件最好不要糾纏，最好遇見包青天。

初六：最好不要興訟，小小誤會，結束最好。

九二：對抗現有勢力失敗，逃！

六三：時機未到，止爭，守成。

九四：外在無能為力，改變內在德命。

九五：至剛中正之力，可以決訟。

上九：借官司紛爭竄上去，敵眾德薄，怎麼上去，就會怎麼下來。

䷆ 七、師　　坎下坤上

師.貞.丈人吉.无咎.

初六.師出以律.否臧凶.

九二.在師中吉.无咎.王三錫命.

六三.師或輿尸.凶.

六四.師左次.无咎.

六五.田有禽.利執言.无咎.長子帥師.弟子輿尸.貞凶.

上六.大君有命.開國承家.小人勿用.

☯白話提要

卦辭：大德者才玩得起群眾運動。

初六：群眾運動首要條件——紀律。

九二：運動領袖隱身在人群之中是好的。

六三：運動不要搞造神或個人崇拜。

六四：群眾運動要有退場、控制的機制與能力。

六五：群眾運動忌諱多頭馬車。

上六：群眾運動可以有浩瀚的氣象，但革命成功提防小人攪局。

八、比　坤下坎上

比.吉.原筮.元永貞.无咎.不寧方來.後夫凶.

初六.有孚.比之无咎.有孚盈缶.終來有它.吉.

六二.比之自內.貞吉.

六三.比之匪人.

六四.外比之貞.吉.

九五.顯比.王用三驅.失前禽.邑人不誡.吉.

上六.比之无首.凶.

☯白話提要

卦辭：人與人之間的親愛要有根源性的考量，格局要大，原則要
　　　正。愛的磁性甚至可以讓萬民蠢動。

初六：誠信是親比的靈魂，誠信甚至可以感動有私心者。

六二：真愛必然是發自內在的，不是發自情緒。

六三：親近錯人了。

六四：在社會上誘惑更多，更要懂得親近正道。

九五：真愛不是屈從，不是單向，不是勉強，是開放與自願。

上六：愛沒有原則，是陷溺與危險。

☴ 九、小畜　　乾下巽上

小畜.亨.密雲不雨.自我西郊.

初九.復自道.何其咎.吉.

九二.牽復.吉.

九三.輿說輻.夫妻反目.

六四.有孚.血去.惕出.无咎.

九五.有孚攣如.富以其鄰.

上九.既雨既處.尚德載.婦貞厲.月幾望.君子征凶.

☯白話提要

卦辭：生命成長的工作，有累積，未有結果；只好回到生命的
　　　基地。

初九：回到自己內心的路，尊重每個生命的主體性。

九二：感到生命復原的力量受到牽絆。

九三：生命成長的搖擺掙扎——車子的輪軸脫落了（無法前行）
　　　＋夫妻反目（內心交戰）。

六四：生命成長，誠信出現，付出嚴重代價，警號排除，過於陽
　　　剛的氣質變化了。

九五：生命的豐富澤及鄰人。

上九：小畜的人生就是幫幫他人，又停一停（既雨既處）；又像
　　　月亮還沒圓滿；不要有太大的動作。

十、履 　兌下乾上

履虎尾.不咥人.亨.

初九.素履往.无咎.

九二.履道坦坦.幽人貞吉.

六三.眇能視.跛能履.履虎尾.咥人凶.武人為于大君.

九四.履虎尾，愬愬終吉.

九五.夬履.貞厲.

上九.視履考祥.其旋元吉.

☯白話提要

卦辭：踩老虎尾巴，老虎卻不咬人；批評權貴，因為面對的是自己的成長，所以不會去威脅當權者的利益，老虎也不會吃掉你。

初九：樸素的實踐成長與人生行道。

九二：成長的道路坦蕩寬闊，願意走自己成長道路的人說不清楚內心的隱微，但這是正確的。

六三：德不夠壯大卻去踩虎穴，這是危險的。

九四：小心翼翼的去踩老虎尾巴。

九五：決定幹，正！但危險。

上九：晚年返回自己的成長心得，去照顧後學的生命成長。

䷊ 十一、泰　　乾下坤上

泰.小往大來.吉亨.

初九.拔茅茹.以其彙.征吉.

九二.包荒.用馮河.不遐遺.朋亡.得尚於中行.

九三.无平不陂.无往不復.艱貞无咎.勿恤其孚.于食有福.

六四.翩翩.不富以其鄰.不戒以孚.

六五.帝乙歸妹.以祉元吉.

上六.城復于隍.勿用師.自邑告命.貞吝.

☯白話提要

卦辭：天地相交，內健外順。

　　　泰的時代，付出很小，但收穫豐盛。

初九：小人一批一批的被屏除。

九二：包荒的氣魄＋心靈的行動。

九三：無平不陂　再平坦的人生路也必有顛簸、崎嶇。

　　　無往不復　任何的努力都必然會「復」。

　　　　　　　　往（付出）來（報酬）是短暫的，頂多一世，
　　　　　　　　但真正的恢「復」卻是恆常的，但必須對他有
　　　　　　　　信心。

　　　艱貞無咎　不論處何時代，用艱難、守正的態度（憂患
　　　　　　　　感），就不會有狀況。

　　　勿恤其孚　不用擔心它的準確性。

——從人生說，一定有波折；從終極說，絕對會恢復。

　　這是人生「先艱難而後心悅」的透徹本質。

六四：元氣還在，利用舊有的基礎。

六五：最圓滿的結合？

上六：泰道崩壞，不要急躁，不要動武。

☷☰ **十二、否**　　坤下乾上

否之匪人.不利君子貞.大往小來.

初六.拔茅茹.以其彙.貞吉.亨.

六二.包承.小人吉.大人否.亨.

六三.包羞.

九四.有命无咎.疇離祉.

九五.休否.大人吉.其亡其亡.繫于苞桑.

上九.傾否.先否後喜.

☯**白話提要**

卦辭：天地不交，內順外健。

　　　否，指向一個不尊重人性的時代，不利於君子的正道。往往付出很多，收效很少。

初六：君子一批一批的被逼退。

六二：包容、承受亂世的苦痛。

　　　同是包承，小人是媚世自棄而路通，大人卻是心廣自守而不達。

六三：包容羞辱。

　　　誤解是成長的必修學分。

九四：英雄豪傑一個一個出現。

九五：無根，經不起大時代更張的考驗。

上九：否的勢力垮了，人心大悅。

䷌ 十三、同人　　離下乾上

同人于野.亨.利涉大川.利君子貞.

初九.同人于門.无咎.

六二.同人于宗.吝.

九三.伏戎于莽.升其高陵.三歲不興.

九四.乘其墉.弗克攻.吉.

九五.同人.先號咷而後笑.大師克相遇.

上九.同人于郊.无悔.

☯白話提要

卦辭：一個成長者在大自然中與人群同甘同苦同心同德。

初九：年輕生命志高情真，沒有人我的隔閡。

六二：稍年長開始有私心，同宗同黨的山頭主義：

九三：想用武力同人（宰制人），自己想想也不對，忍住不動手。
　　　吞沒他人的生活叫專制，專制是自私的擴張，是最快也最
　　　假的人際溝通。

九四：懸崖勒馬，放下刀子。

九五：真正的同人一定是經歷大艱辛的先哭後笑的。

上九：理想未圓滿、小康的同人。

䷍ 十四、大有　　乾下離上

大有.元亨.

初九.无交害.匪咎.艱則无咎.

九二.大車以載.有攸往.无咎.

九三.公用亨于天子.小人弗克.

九四.匪其彭.无咎.

六五.厥孚交如.威如.吉.

上九.自天祐之.吉无不利.

☯白話提要

卦辭：大有的兩個條件——1.壯大，2.通達。

初九：大有之世兩個忌諱——1.不與人群交往，2.過多的形式
　　　　　　　　　　　　主義。

九二：一部「大車子」的比喻——「大」＋「通」。

九三：賢者互相尊重。

九四：根基夠厚，就不忌諱形式與文采了。

六五：誠信的力量大到可以交萬民、顯威德。

上九：老天爺也幫一把。

䷉　十五、謙　　艮下坤上

謙.亨.君子有終.

初六.謙謙君子.用涉大川.吉.

六二.鳴謙.貞吉.

九三.勞謙.君子有終.吉.

六四.无不利.撝謙.

六五.不富以其鄰.利用侵伐.无不利.

上六.鳴謙.利用行師.征邑國.

☯白話提要

卦辭：謙，就是高山上有平地。

　　　象傳：「稱物平施。」

初六：第一步就成熟、勇於行動。

六二：以謙德聞名。

九三：勞＋謙＝最珍貴的生命狀態。

六四：跟謙說再見：1.內化2.釋放能量。

六五：調動社會力量。

上六：柔生慢，慢生亂。

䷏ 十六、豫　　坤下震上

豫.利建侯行師.

初六.鳴豫.凶.

六二.介于石.不終日.貞吉.

六三.盱豫.悔遲.有悔.

九四.由豫.大有得.勿疑.朋盍簪.

六五.貞疾.恆不死.

上六.冥豫.成有渝.无咎.

☯白話提要

卦辭：快樂，是浩瀚壯大的生命格局與能量。

初六：炫耀快樂，凶險！

六二：覺知明斷，不會執著快樂，不會讓快樂到延長到一天的
　　　結束。

六三：太早高興（預支快樂），太晚後悔（執著感情），一定
　　　有悔。

九四：從真理而來的快樂，會有強大的心得。而且不用懷疑自己
　　　人格的影響力。

六五：正視快樂的危險與疾病。

上六：冥頑不靈，陷溺快樂，必須改變。

䷐ 十七、隨　　震下兌上

隨.元亨利貞.无咎.

初九.官有渝.貞吉.出門交.有功.

六二.係小子.失丈夫.

六三.係丈夫.失小子.隨有求得.利居貞.

九四.隨有獲.貞凶.有孚.在道以明.何咎.

九五.孚于嘉.吉.

上六.拘係之.乃從維之.王用亨于西山.

☯白話提要

卦辭：1.沒有自我、主見，即使四卦德齊全，也只能无咎。

　　　2.跟隨真理的節奏與腳步，四卦德齊全。

初九：「不要碰到變化就退卻，不成熟的人只擁抱熟悉。」

六二：歪隨！太隨眾，失掉真正的人物。

六三：正隨：結交人物＋生命心得。

九四：得到現實利益，人生考驗才開始。

九五：長時間「正隨」⇨嘉（善之美）。

上六：隨之極：隨天＋民隨。

䷑ 十八、蠱　　巽下艮上

蠱.元亨.利涉大川.先甲三日.後甲三日.

初六.幹父之蠱.有子.考无咎.厲.終吉.

九二.幹母之蠱.不可貞.

九三.幹父之蠱.小有悔.无大咎.

六四.裕父之蠱.往見吝.

六五.幹父之蠱.用譽.

上九.不事王侯.高尚其事.

☯白話提要

卦辭：上代留下來的包袱，要用宏大的態度去面對才會通，這是
　　　一件很大的事情。

初六：承擔父親留下來的蠱，是嚴厲的考驗。

九二：承擔母親留下來的蠱，不可以頂正——傷恩。

九三：承擔父親留下來的蠱，過程會很辛苦，有壓力。

六四：因循父親留下來的蠱，路會愈走愈窄。

六五：承擔父親留下來的蠱，用自己的德行與名譽洗清。

上九：改正一個家的蠱，是高尚的大事業。

十九、臨　　兌下坤上

臨.元亨利貞.至於八月.有凶.

初九.咸臨.貞吉.

九二.咸臨.吉.无不利.

六三.甘臨.无攸利.既憂之.无咎.

六四.至臨.无咎.

六五.知臨.大君之宜.吉.

上六.敦臨.吉.无咎.

☯白話提要

卦辭：面對、不埋怨、不閃躲，是最飽滿完整的人生經驗。

　　　再強勁的人生走勢總有下坡的時候。

初九：象傳：「咸臨貞吉，志行正也。」

　　　年輕生命用心頭的溫柔、感性面對人間。重點是感動要正。

九二：更成熟的感性。

　　　感性是很陽剛的。

六三：看人生看得太輕鬆，沒什麼好處。

　　　修正策略是「憂患意識」。

六四：真刀真槍的面對人生。

六五：智慧與知人善任。

　　　象傳：「大君之宜，行中之謂也。」

上六：以成熟豐厚的德性面對下一代。

　　　象傳：「敦臨之吉，志在內也。」

䷓　二十、觀　　坤下巽上

觀.盥而不薦.有孚顒若.

初六.童觀.小人无咎.君子吝.

六二.闚觀.利女貞.

六三.觀我生進退.

六四.觀國之光.利用賓于王.

九五.觀我生.君子无咎.

上九.觀其生.君子无咎.

☯白話提要

卦辭：觀之道：用神用心。

初六：童子是原始的真，君子是成熟的真。　　童觀

六二：偷偷觀察，格局不夠大。　　靜觀

六三：反觀自己人生體驗的進退的失。　　內觀

六四：開始宏觀，大視野。　　宏觀

九五：觀照生民大計——俯察民生。　　觀民

上九：觀察成熟者的生命氣象——仰觀大賢。　　觀賢

二十一、噬嗑　　震下離上

噬嗑.亨.利用獄.

初九.屨校滅趾.无咎.

六二.噬膚滅鼻.无咎.

六三.噬臘肉.遇毒.小吝.无咎.

九四.噬乾胏.得金矢.利艱貞.吉.

六五.噬乾肉.得黃金.貞厲.无咎.

上九.何校滅耳.凶.

☯白話提要

卦辭：斷時代的大惑，利用刑獄的力量。

初九：腳上被綁上腳鐐，小懲大戒。

六二：大口吃豬肉，鼻子埋進去，時代不好，生命力反而要強大。

六三：大口吃乾肉，吃到有毒的部分，要斷惑決疑，受到一點小挫折。

九四：啃帶肉的骨頭，咬到銅箭頭，找到問題的根源，但一時拔不出來。

六五：大口啃硬的肉，把毒箭頭硬拉出來，正的力量有點嚴厲，但無妨。

上九：背著大枷鎖的極刑。

䷕　二十二、賁　　離下艮上

賁.亨小.利有攸往.

初九.賁其趾.舍車而徒.

六二.賁其須.

九三.賁如濡如.永貞吉.

六四.賁如皤如.白馬翰如.匪寇婚媾.

六五.賁于丘園.束帛戔戔.吝.終吉

上九.白賁无咎.

☯白話提要

卦辭：形式、藝術、美是小小的通。但要有覺知的方向。

初九：基本的裝飾就是放棄過多的文明，回到質樸的實踐。

六二：形式的美應該是被動的。

九三：形式的正——剛剛好的裝飾。

六四：藝術三個原則——

　　　1.心地的潔淨，2.技巧的敏捷，3.形式不能搶奪內容。

六五：技巧愈少功力愈高。

上九：白賁——無色之色。

　　　裝飾的極致就是一點也不裝飾。

　　　全然不受形式束縛。

　　　藝術的留白。

䷖　二十三、剝　　坤下艮上

剝.不利有攸往.

初六.剝床以足.蔑.貞凶.

六二.剝床以辨.蔑.貞凶.

六三.剝之无咎.

六四.剝床以膚.凶.

六五.貫魚.以宮人寵.无不利.

上九.碩果不食.君子得輿.小人剝廬.

☯白話提要

卦辭：在很爛的時代，不要有所作為。

初六：床腳爛了——從生命基層爛起。

六二：床板爛了——一直爛上去。

六三：將爛的部分「爛」掉——壯士斷「床」。

六四：皮膚也爛了——爛到會痛了。

六五：在很爛的時代，不能重用小人，但要虛以委蛇。

上九：在爛透的時代，君子不被重用，在高處觀望，看小人鬥到
　　　連房子都毀了。

䷖ 二十四、復　　震下坤上

復.亨.出入無疾.朋來無咎.反復其道.七日來復.利有攸往.

初九.不遠復.无祗悔.元吉.

六二.休復.吉.

六三.頻復.厲.无咎.

六四.中行獨復.

六五.敦復.无悔.

上六.迷復.凶.有災眚.用行師.終有大敗.以其國君.凶、至於十年不
　　克征.

☯白話提要

卦辭：雷在地中，一陽來復：一個很大的力量在醞釀。

　　　去哪裡都沒問題，來來去去都是真理。

初九：從身邊的事情開始復。

　　　從心靈開始復。

六二：美麗的恢復。

　　　休息是美麗的。

六三：生命的病已經很深，雖然改正的決心很強，但慣性強大，
　　　生命擺盪得厲害。

六四：中道行世，要有獨自恢復的勇氣。

　　　獨復，到社會想要復，靠自己了。

六五：象傳說「自考」──檢查、反省自己的生命厚度。

上六：失去復的能力是一種深度的墮落。

二十五、无妄　　震下乾上

无妄.元亨利貞.其匪正.有眚.不利有攸往.

初九.无妄.往吉.

六二.不耕穫.不菑畬.則利有攸往.

六三.无妄之災.或繫之牛.行人之得.邑人之災.

九四.可貞.无咎.

九五.无妄之疾.勿藥有喜.

上九.无妄.行有眚.无攸利.

☯白話提要

卦辭：「无妄」二義：

　　　老天安排的人生是真誠的，但真誠有時會帶來災難。

初九：一片真誠，踏上人生征途。

六二：懂得尊重人生必要的過程。

六三：人生沒有永遠的晴天。

九四：守正。

九五：不抗辯、申訴的大氣——趙州禪師：「是這樣的嗎？」

上九：確實可能有極慘烈的無妄之災。

䷙　二十六、大畜　　乾下艮上

大畜.利貞.不家食.吉.利涉大川.

初九.有厲.利已.

九二.輿說輹.

九三.良馬逐.利艱貞.曰閑輿衛.利有攸往.

六四.童牛之牿.元吉.

六五.豶豕之牙.吉.

上九.何天之衢.亨.

☯白話提要

卦辭：生命壯大的成長，要用正的力量引導，掙脫小家庭經驗，
　　　奔赴大方向。

初九：現實上有嚴厲的危險，停下腳步。（很少初爻用這麼重的
　　　語氣。）

九二：像車子的輪軸脫落了，不利於行。但內心沒有怨尤，利用
　　　現實上的挫折來成就自己的德性。

九三：每天不忘練習駕車與防禦（外王與內聖）。

六四：小牛角上綁根橫木，不讓牠亂撞。

六五：奔跑的野豬用欄圍住，不讓牠亂跑。

上九：承擔上天的大道。

䷚　二十七、頤　　震下艮上

頤.貞吉.觀頤.自求口實.

初九.捨爾靈龜.觀我朵頤.凶.

六二.顛頤.拂經.於丘頤.征凶.

六三.拂頤.貞凶.十年勿用.無攸利.

六四.顛頤.吉.虎視耽耽.其欲逐逐.無咎.

六五.拂經.居貞吉.不可涉大川.

上九.由頤.厲吉.利涉大川.

☯白話提要

卦辭：找到自己的口味，然後想辦法吃飽。

初九：尊重自我成長，慢，但通！

　　　追隨外在標準，快，卻窮！

六二：沒養好＋好大喜功。

六三：不養德，卻用正，只憑血氣之勇，一定被犧牲。

六四：吃飽了，不用再養了，老虎該出動了。

六五：面對整個時代不上道，老虎該躲起來。

上九：頤到的極致：養賢，教育人才。

䷛　二十八、大過　　巽下兌上

大過.棟橈.利有攸往.亨.

初六.藉用白茅.无咎.

九二.枯楊生稊.老夫得其女妻.无不利.

九三.棟橈.凶.

九四.棟隆.吉.有它.吝.

九五.枯楊生華.老婦得士夫.无咎无譽.

上六.過涉滅頂.凶.无咎.

☯白話提要

卦辭：房子的棟梁彎曲了，但不要放棄，挺住！

初六：大失之時，從柔道出發。

九二：沉舟側畔千帆過，病樹堂前萬木生。

九三：過剛則折，形勢比人強。

九四：強大到足夠面對大失的時代，但不能有私心。

九五：在災難的時代，結交大陰的勢力，這是……！

上六：自以為可以擔當整個苦難的時代，結果涉入太深，遇到
　　　大凶！

䷜　二十九、坎　　坎下坎上

坎.習坎.有孚.維心亨.行有尚.

初六.習坎.入于坎窞.凶.

九二.坎有險.求小得.

六三.來之坎坎.險且枕.入于坎窞.勿用.

六四.樽酒簋貳.用缶.納約自牖.終.无咎.

九五.坎不盈.祗既平.无咎.

上六.係用徽纆.寘于叢棘.三歲不得.凶.

☯白話提要

卦辭：面對危險的兩條道路——心神與行動。

初六：學習處理危險，但經驗不夠，方法不對，反而掉到坑底。

九二：充滿險境的人生，頂多小得。

六三：危險＋安逸＝人生跌停板。

六四：在危險中樸素一點。

九五：用「敬」平險。

上六：長時間被囚禁的凶險。

䷝　三十、離　　離下離上

離.利貞.亨.畜牝牛.吉.

初九.履錯然.敬之无咎.

六二.黃離.元吉.

九三.日昃之離.不鼓缶而歌.則大耋之嗟.凶.

九四.突如其來如.焚如.死如.棄如.

六五.出涕沱若.戚嗟若.吉.

上九.王用出征.有嘉折首.獲匪其醜.无咎.

☯白話提要

卦辭：用柔順的態度面對他人與傳統的明朗。

初九：用敬重的態度面對複雜的人生。

六二：心靈壯大的光明。

九三：一解—傳統經驗被冷落。二解—不懂死生始終之道。

九四：現代突兀的短路，傳統被焚毀拋棄。

六五：大悲大慟後看見真理。

上九：文明也有強悍、武力的一面。

䷞　三十一、咸　　艮下兌上

咸.亨.利貞.取女吉.

初六.咸其拇.

六二.咸其腓.凶.居吉.

九三.咸其股.執其隨.往吝.

九四.貞吉.悔亡.憧憧往來.朋從爾思.

九五.咸其脢.无悔.

上六.咸其輔頰舌.

☯白話提要

卦辭：通與正（愛與敬）是感動的兩個要素。

初六：大腳趾的感動——生命初階的蠢蠢欲動。

六二：小腿肚的感動——沒主見的感動。

九三：屁股的感動——沒自我還要執著，雙重錯亂。
　　　VS要走自己的路，不要拋棄自己的生命經驗。

九四：讓別人感動的學問與人格。

九五：背肉的感動——承擔、背負天下的感動

上六：嘴巴的感動——到老剩下一張嘴。

䷟ 三十二、恆　　巽下震上

　　恆.亨.无咎.利貞.利有攸往.

　　初六.浚恆.貞凶.无攸利.

　　九二.悔亡.

　　九三.不恆其德.或承之羞.貞吝.

　　九四.田无禽.

　　六五.恆其德貞.婦人吉.夫子凶.

　　上六.振恆.凶.

☯白話提要

　　卦辭：理性一定要通情達理，只通一半很危險，容易變成壓迫人
　　　　　的工具。

　　初六：生命初階要求太深刻的東西是不對的！

　　九二：後悔就不是真的（恆道）！

　　　　　久中：經得起考驗的生命潛力。

　　九三：有位無德的虛偽。

　　九四：沒有內在德性的社會——一片荒涼，找不到目標。

　　六五：恆（常）極能權（變）。

　　上六：1.到老還要「振」恆，不能熟極而「流」，慘！

　　　　　2.到老恆心才動搖——晚節不保。

䷠　三十三、遯　　艮下乾上

遯.亨.小利貞.

初六.遯尾厲.勿用.有攸往.

六二.執之用黃牛之革.莫之勝說.

九三.係遯有疾.厲.畜臣妾.吉.

九四.好遯.君子吉.小人否.

九五.嘉遯.貞吉.

上九.肥遯.无不利.

☯白話提要

卦辭：退的智慧是可以通的。但時代不好，對正道只有一點點
　　　好處。

初六：該退就退，跑太慢還危險了，不要三心二意。

六二：用黃牛的皮革將自己綁起來，還高興得不得了。時代不
　　　好，不要亂來。

九三：想退卻不行的危險，假裝腐敗以免禍。

九四：君子是好義而遯，小人是擔當不夠。

九五：有社會示範意義的嘉遯。

上九：心靈意義的逍遙遊。

　　　不是形式上的退，而是修為上的無為無執。

䷡　三十四、大壯　　乾下震上

大壯.利貞.

初九.壯于趾.征凶.有孚.

九二.貞吉.

九三.小人用壯.君子用罔.貞厲.羝羊觸藩.羸其角.

九四.貞吉.悔亡.藩決不羸.壯于大輿之輹.

六五.喪羊于易.无悔.

上六.羝羊觸藩.不能退.不能遂.无攸利.艱則吉.

☯白話提要

卦辭：壯大的力量，一定要正用。

初九：腳趾頭蠢蠢欲動，進取會凶。基礎的力量必須穩健。

九二：正當的使用力量。

九三：小人仗勢，君子卻不。

　　　像那隻公羊觸撞籬笆，角被纏住——給迷信力量的一個
　　　警告。

九四：籬笆終於被推倒了，又像大車的車軸非常強壯——講力量
　　　用對地方。

六五：太輕慢仗勢導致失去陽剛的生命力。

上六：那隻笨羊又去撞籬笆，這次卡住進退不得，只能發揮憂患
　　　意識——內在生命衰萎，只會更迷信力量。

三十五、晉　　坤下離上

晉.康侯用錫馬蕃庶.晝日三接.

初六.晉如摧如.貞吉.罔孚.裕无咎.

六二.晉如愁如.貞吉.受茲介福.于其王母.

六三.眾允.悔亡.

九四.晉如碩鼠.貞厲.

六五.悔亡.失得勿恤.往吉.无不利.

上九.晉其角.維用伐邑.厲.吉.无咎.貞吝.

☯白話提要

卦辭：好人出頭的盛世。

初六：進取之初，受到挫折；也許別人信任感不夠，只要自己心智寬裕。

六二：仍未得志，有點發愁，但身處盛世，沉住氣，會有好事發生的。

六三：終於志與眾同，擁有群眾的信任。

九四：進取不能像大老鼠般猶豫，不能有私欲，要果斷。

六五：不必後悔，得失都不用擔心，勇於任事。

上九：進過頭了！進的外在化是使用武力的危險。

三十六、明夷　　離下坤上

明夷.利艱貞.

初九.明夷于飛.垂其翼.君子于行.三日不食.有攸往.主人有言.

六二.明夷夷于左股.用拯馬壯.吉.

九三.明夷于南狩.得其大首.不可疾貞.

六四.入于左腹.獲明夷之心.出于門庭.

六五.箕子之明夷.利貞.

上六.不明晦.初登于天.後入于地.

☯白話提要

卦辭：末世中的態度，艱難＋守正。

初九：飛鳥中箭，斂翼藏鋒，趕快跑路，來不及吃飯。

六二：在亂世中受傷，反而要準備強大的生命力面對。

九三：瞄準大目標，但還是不要著急動手。

六四：知道問題真正的嚴重性，傷心而去。

六五：裝瘋避禍。

上六：在亂世不懂「用晦」，剛開始踹到天上去，最後掉到地上摔死死的。

䷤ 三十七、家人 　　離下巽上

家人.利女貞.

初九.閑有家.，悔亡.

六二.无攸遂.在中饋.貞吉.

九三.家人嗃嗃.悔厲.吉.婦子嘻嘻.終吝.

六四.富家.大吉.

九五.王假有家.勿恤.往吉.

上九.有孚威如.終吉.

☯白話提要

卦辭：家人之道，重點是女主人的「正」。

初九：家有防備，後悔消失。

六二：沒有自己的成就，專志持中理家，這就是媽媽的偉大。

九三：一個家，規矩太嚴有得舊，終日嬉鬧會很慘。

六四：精神與物質均富。

九五：一個王者治國有家的味道，就不用擔心政治的可怕。

上九：身教的誠信與威儀。

䷥ 三十八、睽　　兌下離上

睽.小事吉.

初九.悔亡.喪馬勿逐.自復.見惡人.无咎.

九二.遇主于巷.无咎.

六三.見輿曳.其牛掣.其人天且劓.无初有終.

九四.睽孤.遇元夫.交孚.厲.无咎.

六五.悔亡.厥宗噬膚.往何咎.

上九.睽孤.見豕負塗.載鬼一車.先張之弧.後說之弧.匪寇婚媾.往遇雨則吉.

☯白話提要

卦辭：心相違背，只能做好小事。

初九：離散的時代，膽氣粗壯一點，馬丟了，會回來，看到惡人，也可以溝通的。

九二：委屈的人生路，不起眼的地方，遇見真人物。

六三：無初有終──有前科，處境難，還是有機會圓滿完成。

九四：在歪離的社會遇見大丈夫。

六五：跟宗族的力量共同面對離散的時代。

上九：睽離孤獨太久，心無定見，疑神疑鬼，讓痛苦沖洗一下是好的。

䷦ 三十九、蹇　　艮下坎上

蹇.利西南.不利東北.利見大人.貞吉.

初六.往蹇來譽.

六二.王臣蹇蹇.匪躬之故.

九三.往蹇來反.

六四.往蹇來連.

九五.大蹇朋來.

上六.往蹇來碩.吉.利見大人.

☯白話提要

卦辭：生命困頓的時候，最好：回到生命基地＋遇見大德者。

初六：前往，會難行；知止，有肯定。

六二：努力＋無我，面對難行的時候。

九三：前往，會難行；停下，返回自己的心靈。

六四：前往，會難行；停下，退而結眾。

九五：大困頓來臨，發動群眾面對。

上六：前往，會難行；停下，該有大人出世了。

䷧　四十、解　　坎下震上

解.利西南.无所往.其來復.吉.有攸往.夙吉.

初六.無咎.

九二.田獲三狐.得黃矢.貞吉.

六三.負且乘.致寇至.貞吝.

九四.解而拇.朋至斯孚.

六五.君子維有解.吉.有孚於小人.

上六.公用射隼於高墉之上.獲之无不利.

☯白話提要

卦辭：生命的問題會自然解決，但覺醒與成長會提前解決。

初六：自然年輕的生命是沒有煩惱的。

九二：清君側＋得實權。

六三：解難後的鬆懈與墮落。

九四：掙脫束縛＋建立信譽。

六五：海闊天空＋廣得民心。

上六：解決權力核心的首惡。

䷨ 四十一、損　　兌下艮上

損.有孚.元吉.无咎.可貞.利有攸往.曷之用二簋.可用享.

初九.巳事遄往.无咎.酌損之.

九二.利貞.征凶.弗損益之.

六三.三人行.則損一人.一人行.則得其友.

六四.損其疾.使遄有喜.无咎.

六五.或益之.十朋之龜.弗克違.元吉.

上九.弗損益之.无咎.貞吉.有攸往.得臣无家.

☯白話提要

卦辭：人生的減法反而顯出誠信與本質。

初九：年輕生命太愛衝，老天爺幫忙減損。

九二：魯莽一定是災難，不用討價還價。

六三：從俗，會傷害主體性；忠於自己的道路，自然會有朋友的。

六四：減損生命疾病的喜悅。

六五：從損道養成成熟的心靈，面對大迷信，也會堅定。

上九：損道之極，百無禁忌，不用刻意損益，開始照顧天下。

䷩　四十二、益　　震下巽上

益.利有攸往.利涉大川.

初九.利用為大作.元吉.无咎.

六二.或益之.十朋之龜.弗克違.永貞.吉.王用享于帝.吉.

六三.益之用凶事.无咎.有孚中行.告公用圭.

六四.中行.告公.從.利用為依遷國.

九五.有孚惠心.勿問.元吉.有孚惠我德.

上九.莫益之.或擊之.立心勿恆.凶.

☯白話提要

卦辭：人生的加法，有自覺的方向，可以做大事。

初九：初階就大動作，必須格局也大，才沒問題。

六二：德夠正，面對大迷信，也不會違背。

六三：成熟是可以使用武力的。

　　　成熟的標準是──1.誠信，2.中行，3.公開。

六四：從益德進一步益民。

九五：誠信是最佳的增益，對心對德（本體與經驗），都是。

上九：益之極僵化，成熟墜落成慣性，乾脆擊破它。

䷪　四十三、夬　　乾下兌上

夬.揚于王庭.孚號有厲.告自邑.不利即戎.利有攸往.

初九.壯于前趾.往不勝為咎.

九二.惕號莫夜.有戎勿恤.

九三.壯于頄.有凶.君子夬夬.獨行遇雨.若濡有慍.无咎.

九四.臀无膚.其行次且.牽羊悔亡.聞言不信.

九五.莧陸夬夬.中行无咎.

上六.无號.終有凶.

☯白話提要

卦辭：決裂之道要公開、透明、正大。

初九：珍惜第一仗──該贏的第一仗輸了，影響士氣更大。

九二：提防別人孬種、耍陰。

九三：把行動藏在心裡，不要寫在臉上，獨個兒做，別吭氣，風風雨雨，小意思。

九四：難行、折損、敵友難辨。

九五：中道的力量有時是很兇的。

上六：缺乏正當號召的凶險。

☰ 四十四、姤　　巽下乾上

姤.女壯.勿用取女.

初六.繫于金柅.貞吉.有攸往.見凶.羸豕孚蹢躅.

九二.包有魚.无咎.不利賓.

九三.臀无膚.其行次且.厲.无咎.

九四.包无魚.起凶.

九五.以杞包瓜.含章.有隕自天.

上九.姤其角.吝.无咎.

☯白話提要

卦辭：不要取悅壯大的負面勢力。

初六：在滋長初期要遏止陰的力量。

九二：有擔當的做「主」，具備包容陰的能耐與修養。

九三：與陰的力量相處的搖擺與尷尬。

九四：拒絕陰引起的凶運。

九五：包含美好的生命質地。

上九：陰陽碰撞的貧乏。

䷬ 四十五、萃　　坤下兌上

萃.亨.王假有廟.利見大人.亨.利貞.用大牲.吉.利有攸往.

初六.有孚不終.乃亂乃萃.若號.一握為笑.勿恤.往无咎.

六二.引吉.无咎.孚乃利用禴.

六三.萃如嗟如.无攸利.往无咎.小吝.

九四.大吉.无咎.

九五.萃有位.无咎.匪孚.元永貞.悔亡.

上六.齎咨涕洟.无咎.

☯白話提要

卦辭：力量聚集之後要注意的事：1.要有大德者主持，2.提升到
　　　真理層次的考量，3.有自覺的方向。

初六：德不夠徹底，局面分分合合，用悲辛的態度處理才能轉哭
　　　為笑，繼續向前。

六二：物薄德真。

六三：力量物資的聚集有時反而是一種貧乏。

九四：力量聚合的現象要到大吉的程度才沒問題。

九五：有位無信。

上六：有聚集（物）無提升（德）的痛苦要狠狠大哭一場去反省。

䷭　四十六、升　　　巽下坤上

升.元亨.用見大人.勿恤.南征吉.

初六.允升.大吉.

九二.孚乃利用禴.无咎.

九三.升虛邑.

六四.王用亨于岐山.吉.无咎.

六五.貞吉.升階.

上六.冥升.利于不息之貞.

☯白話提要

卦辭：德的成長才是真正生命的提升。

初六：誠信是提升的根本。

九二：升的重點在誠信，不在排場。

九三：升的力量可以復興一個廢墟。

六四：民間領袖可以提升成一個王者，是沒問題的。

六五：升到最高點。

上六：盲目的升與不息的正。

䷮ 四十七、困　　坎下兌上

困.亨.貞.大人吉.无咎.有言不信.

初六.臀困于株木.入于幽谷.三歲不覿.

九二.困于酒食.朱紱方來.利用享祀.征凶.无咎.

六三.困于石.據于蒺藜.入于其宮.不見其妻.凶.

九四.來徐徐.困于金車.吝.有終.

九五.劓刖.困于赤紱.乃徐有說.利用祭祀.

上六.困于葛藟.于臲卼.曰動悔.有悔.征吉.

☯白話提要

卦辭：困境對成熟者來說是成長的動力。

　　　言語對困難的解決是沒有幫助的。

初六：臀困——屁股的困難？空想缺乏行動力的困難。

九二：困于酒食——耽於物慾享樂的困難。

六三：困于石——失去自由的痛苦與困難。

九四：困于金車——追逐權力的困難。

九五：困于赤紱——權力鬥爭的凶險與困難。

上六：困于葛藟——老關係的困難。

䷯　四十八、井　　巽下坎上

井.改邑不改井.无喪无得.往來井井.汔至亦未繘井.羸其瓶.凶

初六.井泥不食.舊井无禽.

九二.井谷射鮒.甕敝漏.

九三.井渫不食.為我心惻.可用汲.王明並受其福.

六四.井甃.无咎.

九五.井冽寒泉食.

上六.井收勿幕.有孚元吉.

☯白話提要

卦辭：心靈的井：1環境改變，心靈不變。

　　　　　　　　2心靈的豐富，不能增一分，不能減一分。

　　　　　　　　3心靈的力量，取用不盡，供天下人共用。

　　　　　　　　4心靈的水要喝到才算——靈性成長（修行）

　　　　　　　　　有嚴峻的一面。

初六：被棄置已久、塵封的心靈。

九二：源頭活水流失＋不懂親近心靈的方法。

九三：「心靈者」理當見用於世。

六四：在紅塵日久，每過一段時日，當做修心治療的工作。

九五：高純度、高解晰度的心靈狀態——無染的心。

上六：井之極：修心大成，自己成熟也不能自己擁有。

䷰ 四十九、革　　離下兌上

革.巳日乃孚.元亨利貞.悔亡.

初九.鞏用黃牛之革.

六二.巳日乃革之.征吉.无咎.

九三.征凶.貞厲.革言三就.有孚.

九四.悔亡.有孚.改命.吉.

九五.大人虎變.未占有孚.

上六.君子豹變.小人革面.征凶.居貞吉.

☯白話提要

卦辭：革命的漫長要等到最後成功的一天才算數。

初九：好好將自己綁起來培養實力。

六二：時機成熟才能動手。

九三：動手冒險，凶；守正不動，也危險。

九四：堅持改革到沒有後悔。

九五：大人虎變——革命家蛻變成大德者。

上六：內在革命與面子工程。

䷱　五十、鼎　　巽下離上

鼎.元吉.亨.

初六.鼎顛趾.利出否.得妾以其子.无咎.

九二.鼎有實.我仇有疾.不我能即.吉.

九三.鼎耳革.其行塞.雉膏不食.方雨虧悔.終吉.

九四.鼎折足.覆公餗.其形渥.凶.

六五.鼎黃耳.金鉉.利貞.

上九.鼎玉鉉.大吉.无不利.

☯白話提要

卦辭：建國，格局要大，才好，人事要暢通。

初六：立國首務，在倒掉陋習陳規，去舊才能招賢。

九二：各方面條件成熟了，可以煮一「鼎」好菜了，只要實力
　　　　夠，敵人也拿我沒辦法。

九三：陽剛不能一直堅持，會開始行不通了。

九四：繼續持剛頂正，整個局面搞砸鍋了。

六五：建國要用柔道。

上九：剛柔相濟，建國大成。

五十一、震　　震下震上

震.亨.震來虩虩.笑言啞啞.震驚百里.不喪匕鬯.

初九.震來虩虩.後笑言啞啞.吉.

六二.震來厲.億喪貝.躋于九陵.勿逐.七日得.

六三.震蘇蘇.震行无眚.

九四.震遂泥.

六五.震往來厲.意无喪有事.

上六.震索索.視矍矍.征凶.震不于其躬.于其鄰.无咎.婚媾有言.

☯白話提要

卦辭：用內心的寧靜面對兼具恐懼與喜悅的大力量。

初九：先恐懼後歡喜的內在爆炸。

六二：面對大震動的考驗——1.不要小氣錢，2.不要急著收割。

六三：內在的震動會帶來心靈的甦醒。

九四：震動的力量要能夠停止。

六五：外在的考驗愈來愈嚴峻，不要放棄內在的大事。

上六：震動的力量徹底外在化，震太超過了。

䷳ 五十二、艮　　艮下艮上

艮.艮其背.不獲其身.行其庭.不見其人.无咎.

初六.艮其趾.无咎.利永貞.

六二.艮其腓.不拯其隨.其心不快.

九三.艮其限.列其夤.厲薰心.

六四.艮其身.无咎.

六五.艮其輔.言有序.悔亡.

上九.敦艮.吉.

☯白話提要

卦辭：最深刻的停止就是無我，最堅決的離開就是靜悄悄的走。

初六：停止年輕的衝動。

六二：停止盲目的被動。

九三：停止貪執與猶豫。

六四：整個人停下來。

六五：在高位，管好自己的嘴巴。

上九：深厚的停止——無為。

䷴ 五十三、漸　　艮下巽上

漸.女歸.吉.利貞.

初六.鴻漸於干.小子厲有言.无咎.

六二.鴻漸於磐.飲食衎衎.吉.

九三.鴻漸於陸.夫征不復.婦孕不育.凶.利禦寇.

六四.鴻漸於木.或得其桷.无咎

九五.鴻漸於陵.婦三歲不孕.終莫之勝.吉.

上九.鴻漸於陸.其羽可用為儀.吉.

☯白話提要

卦辭：人生最重要的不是快慢，而是在過程的循序——漸。

初六：剛出道的考驗——語言的攻擊。

六二：人生的條件愈來愈穩。

九三：在高位的考驗——要沉得住氣。

六四：人生也會有安全的天空。

九五：在頂峰的考驗——經得起長時間醞釀。

上九：從天空回到人間傳遞經驗。

　　　中國人講究超凡入聖之後的超勝入凡。

䷵　五十四、歸妹　　兌下震上

歸妹.征凶.无攸利.

初九.歸妹以娣.跛能履.征吉.

九二.眇能視.利幽人之貞.

六三.歸妹以須.反歸以娣.

九四.歸妹愆期.遲歸有時.

六五.帝乙歸妹.其君之袂.不如其娣之袂良.月幾望.吉.

上六.女承筐.无實.士刲羊.无血.无攸利.

☯白話提要

卦辭：強摘的瓜不甜。

　　　勉強、硬做是最低效的工作狀態。

初九：名位、身分最不重要，「做」事才是重點。

九二：幽人，不理會他人的看法，而自覺、獨自走自己道路的成
　　　長者。

六三：等待時機，是修養，也是智慧。

九四：時機還是硬道理。

六五：內在能力比外在名位重要。

上六：沒有實力，一切免談。

✤小三之道：實力、時機、不計較。

䷶　五十五、豐　　離下震上

豐.亨.王假之.勿憂.宜日中.

初九.遇其配主.雖旬无咎.往有尚.

六二.豐其蔀.日中見斗.往得疑疾.有孚發若.吉.

九三.豐其沛.日中見沬.折其右肱.无咎.

九四.豐其蔀.日中見斗.遇其夷主.吉.

六五.來章有慶.譽吉.

上六.豐其屋.蔀其家.闚其戶.闃其无人.三歲不覿.凶.

☯白話提要

卦辭：成熟才能面對豐富。

初九：英雄重英雄。

六二：堆土觀天，大太陽下看見北斗星，英雄之間開始產生猜忌。

九三：臨澤觀天，大太陽下還是看見小星光，終於動手搞掉另一個英雄。

九四：堆土觀天，大太陽下又看見北斗星，遇見另一個民間英雄，終於復信識才。

六五：招攬賢才，找到接班人。

上六：硬體建設弄得美輪美奐，但不懂處理豐盛，一段很長的時間竟然沒有人才！

五十六、旅　　艮下離上

旅.小亨.旅.貞吉.

初六.旅瑣瑣.斯其所取災.

六二.旅即次.懷其資.得童僕.貞.

九三.旅焚其次.喪其童僕.貞厲.

九四.旅于處.得其資斧.我心不快.

六五.射雉.一矢亡.終以譽命.

上九.鳥焚其巢.旅人先笑後號咷.喪牛于易.凶.

☯白話提要

卦辭：人生如旅，只能小通。

初六：將人生當作瑣瑣碎碎的旅途，生命的飄零感正是災難的原因。

六二：旅行的三個條件：1.居所，2.資金，3.有人照顧。

九三：旅途中的危險——房子燒了（失去安全感）＋童僕跑了（失去追隨者）。

九四：三個條件的1與2都回來了，但3還是離去，心裡不痛快。

六五：一箭命中，但猛禽帶著箭飛走，得善射美名（面子），卻無實質收穫（裡子）。

上九：失家之痛，鳥巢被焚，不親土，缺乏家感——臨時心態的極致，一定會先笑後哭。

䷸ 五十七、巽　　巽下巽上

巽.小亨.利攸往.利見大人.

初六.進退.利武人之貞.

九二.巽在床下.用史巫紛若.吉.无咎.

九三.頻巽.吝.

六四.悔亡.田獲三品.

九五.貞吉.悔亡.无不利.无初有終.先庚三日.後庚三日.吉.

上九.巽在床下.喪其資斧.貞凶.

白話提要

卦辭：太順只能小通，缺乏本身的建立。順必須是自覺的順，追
　　　隨大德的順。

初六：對性格太順的人得有一點武人的嚴與正。

九二：太順從，用「真誠」補。

九三：巽卦不要人太順，太順是生命力的困乏。

六四：正順——享用生命的豐盛，。

九五：治己——無初有終，缺乏順的開始，但忠於自己的道路，
　　　愈走愈坦蕩。

　　　治民——不要期待順民，先申令三天，再申令三天，謹慎
　　　是好的。

上九：過順到卑微，又躲到床底下，連財資與決斷力都失去了，
　　　當然大大不妙。

䷹　五十八、兌　　兌下兌上

兌.亨.利貞.

初九.和兌.吉.

九二.孚兌.吉.悔亡.

六三.來兌.凶.

九四.商兌未寧.介疾有喜.

九五.孚于剝.有厲.

上六.引兌.

☯白話提要

卦辭：喜悅，是通的力量，但必須正。

初九：和諧的喜悅——像小孩子心靈的和樂。

九二：誠信的喜悅。

六三：找來的喜悅——不是自然發生的（貪歡）。

九四：思考喜悅的深層意義，清除生命的疾病。

九五：治病療程的危險性。

上六：失去自然的喜悅，要重新引導學習。

䷺ 五十九、渙　　坎下巽上

渙.亨.王假有廟.利涉大川.利貞.

初六.用拯.馬壯.吉.

九二.渙奔其机.悔亡.

六三.渙其躬.无悔.

六四.渙其群.元吉.渙有丘.匪夷所思.

九五.渙汗其大號.渙王居.无咎.

上九.渙其血.去逖出.无咎.

☯白話提要

卦辭：在渙散的時代，要回歸真理，準備面對大事。

初六：在渙散的初階，要用進取的態度，準備強大的生命力。

九二：尋找基層的有志之士。

六三：把自己也渙散掉，戮力以赴。

六四：把小人的勢力打散掉，把他們的土地利益瓜分掉，這是非
　　　常手段。

九五：歷經辛苦，揮汗如漿，終於可以發出大號令。在艱難時
　　　期，王者把宮室都拆了。

上九：將心腹的病痛苦的排除掉。

䷻ 六十、節　　兌下坎上

節.亨.苦節.不可貞.

初九.不出戶庭.无咎.

九二.不出門庭.凶.

六三.不節若.則嗟若.无咎.

六四.安節.亨.

九五.甘節.吉.往有尚.

上六.苦節.貞凶.悔亡.

☯白話提要

卦辭：節約、規律是可以通的，但太刻苦的戒律，不近人情，就
　　　不對了。

初九：不離開自己設定的小範圍，修身養德。

九二：積德到一定程度，還過度保守，那是一種危險。

六三：放縱的災難。

六四：安於規律的成熟。

九五：甘節如飴。

上六：太嚴厲的戒律是不對的。

䷼　六十一、中孚　　兌下巽上

中孚.豚魚吉.利涉大川.利貞.

初九.虞吉.有它不燕.

九二.鳴鶴在陰.其子和之.我有好爵.吾與爾靡之.

六三.得敵.或鼓或罷.或泣或歌.

六四.月幾望.馬匹亡.无咎.

九五.有孚攣如.无咎.

上九.翰音登于天.貞凶.

☯白話提要

卦辭：心靈的誠信比物質的厚薄重要。

初九：覺察與私心。

九二：同道之間的心靈呼應。

六三：在複雜的人間心靈的準確運用。

六四：在沉重的人間堅持心靈的真誠。

九五：大德者的心靈的影響力。

上九：擁有高超的心靈經驗還是要和光同塵、平易近人。

䷽　六十二、小過　　艮下震上

小過.亨.利貞.可小事.不可大事.飛鳥遺之音.不宜上宜下.大吉.

初六.飛鳥以凶.

六二.過其祖.遇其妣.不及其君.遇其臣.无咎.

九三.弗過防之.從或戕之.凶.

九四.无咎.弗過遇之.往厲.必戒.勿用.永貞.

六五.密雲不雨.自我西郊.公弋取彼在穴.

上六.弗遇過之.飛鳥離之.凶.是謂災眚.

☯白話提要

卦辭：因為太執正而發生的小錯誤，還是可以通的。修德姿態不
　　　要太高，宜下不宜上。

初六：飛太高、太頂正的危險。

六二：找不到生命主題，總是差一點。

九三：小信小諒的危險，連誠信也可以是一種放縱。

九四：找到生命主題了，但仍然不要躁進。

六五：德基為廣，有期待，未有結果，只好回到生命的基礎做起。

上六：頂正到不可救藥，像飛鳥自投網羅。

六十三、既濟　　離下坎上

既濟.亨.小利貞.初吉終亂.

初九.曳其輪.濡其尾.无咎.

六二.婦喪其茀.勿逐.七日得.

九三.高宗伐鬼方.三年克之.小人勿用.

六四.繻有衣袽.終日戒.

九五.東鄰殺牛.不如西鄰之禴祭.實受其福.

上六.濡其首.厲.

☯白話提要

卦辭：初吉終亂——完成，反而只有小通。

　　　　　局面初定時吉，最終仍然不免動亂。

初九：接近完成，初階反而辛苦，用力推動著大輪子。

六二：接近完成，會暫時有所損失，七天（一段時間）後會失而
　　　復得。

九三：最後階段，三年才完成，這段時間不能起用小人。

六四：完成初階，終日戒慎。

九五：真正盛大的禮樂時代，形式是很簡單的。

上六：成功一鬆懈，危險又產生。

　　　小狐狸又弄濕自己的頭了。

䷿　六十四、未濟　　坎下離上

未濟.亨.小狐汔濟.濡其尾.无攸利.

初六.濡其尾.吝.

九二.曳其輪.貞吉.

六三.未濟.征凶.利涉大川.

九四.貞吉.悔亡.震用征鬼方.三年有賞于大國.

六五.貞吉.无悔.君子之光.有孚吉.

上九.有孚於飲酒.无咎.濡其首.有孚失是.

☯白話提要

卦辭：無成有終──未完成是真正的通路。
　　　　　　　強做會製造悲壯。

初六：保守的智慧。

九二：力負時艱：奮力拖動時代的巨輪。

六三：方向要開宏，行動要保守。

九四：大文明時代的開始。

六五：人格光輝的閃動。

上九：好的時代剛開展，還是要小心提防危險。

❀既濟小心「初吉終亂」，

　　未濟精神「無成有終」。

Do思潮08　PE0101

易經要你好看
──六十四卦古老智慧的現代妙用

作　　者／鄭錠堅
責任編輯／辛秉學
圖文排版／周妤靜
封面設計／王嵩賀

出版策劃／獨立作家
發 行 人／宋政坤
法律顧問／毛國樑　律師
製作發行／秀威資訊科技股份有限公司
　　　　　地址：114 台北市內湖區瑞光路76巷65號1樓
　　　　　電話：+886-2-2796-3638　傳真：+886-2-2796-1377
　　　　　服務信箱：service@showwe.com.tw
展售門市／國家書店【松江門市】
　　　　　地址：104 台北市中山區松江路209號1樓
　　　　　電話：+886-2-2518-0207　傳真：+886-2-2518-0778
網路訂購／秀威網路書店：https://store.showwe.tw
　　　　　國家網路書店：https://www.govbooks.com.tw

出版日期／2016年6月　BOD一版　定價／320元

獨立 作家
Independent Author

寫自己的故事，唱自己的歌

易經要你好看:六十四卦古老智慧的現代妙用 / 鄭
錠堅作. -- 一版. -- 臺北市：獨立作家,
2016.06
　面；　公分. -- (Do思潮 ; 8)
BOD版
ISBN 978-986-92963-1-1(平裝)

1. 易經　2. 研究考訂

121.17   105004946

國家圖書館出版品預行編目

讀者回函卡

感謝您購買本書，為提升服務品質，請填妥以下資料，將讀者回函卡直接寄回或傳真本公司，收到您的寶貴意見後，我們會收藏記錄及檢討，謝謝！
如您需要了解本公司最新出版書目、購書優惠或企劃活動，歡迎您上網查詢或下載相關資料：http:// www.showwe.com.tw

您購買的書名：_____

出生日期：_____年_____月_____日

學歷：□高中 (含) 以下　　□大專　　□研究所 (含) 以上

職業：□製造業　□金融業　□資訊業　□軍警　□傳播業　□自由業
　　　□服務業　□公務員　□教職　　□學生　□家管　　□其它_____

購書地點：□網路書店　□實體書店　□書展　□郵購　□贈閱　□其他

您從何得知本書的消息？

　□網路書店　□實體書店　□網路搜尋　□電子報　□書訊　□雜誌

　□傳播媒體　□親友推薦　□網站推薦　□部落格　□其他_____

您對本書的評價：(請填代號　1.非常滿意　2.滿意　3.尚可　4.再改進)

　封面設計____　版面編排____　內容____　文／譯筆____　價格____

讀完書後您覺得：

　□很有收穫　□有收穫　□收穫不多　□沒收穫

對我們的建議：_____

_____

_____

_____

11466
台北市內湖區瑞光路 76 巷 65 號 1 樓
獨立作家讀者服務部　　　收

....

（請沿線對折寄回，謝謝！）

姓　　名：＿＿＿＿＿＿＿＿＿　年齡：＿＿＿＿　性別：□女　□男

郵遞區號：□□□□□

地　　址：＿＿＿＿＿＿＿＿＿＿＿＿＿＿＿＿＿＿＿＿＿＿＿

聯絡電話：(日) ＿＿＿＿＿＿＿＿＿　(夜) ＿＿＿＿＿＿＿＿＿

E-mail：＿＿＿＿＿＿＿＿＿＿＿＿＿＿＿＿＿＿＿＿＿